RÉFORME

DU

CRÉDIT ET DU COMMERCE.

PARIS. — TYPOGRAPHIE PLON FRÈRES, RUE DE VAUGIRARD, 36.

RÉFORME
DU CRÉDIT
ET DU COMMERCE.

APPEL A TOUS LES PRODUCTEURS

MANUFACTURIERS ET AGRICOLES,

PAR

FR. COIGNET,

MANUFACTURIER.

Aide-toi, le ciel t'aidera.

PARIS,

A LA LIBRAIRIE SOCIÉTAIRE,

25, QUAI VOLTAIRE.

1849

A M. Tourret,

EX-MINISTRE DE L'AGRICULTURE ET DU COMMERCE.

Monsieur,

Lorsque, délégué du Comité du Travail de Lyon, je suis venu auprès de vous sans autre appui que mon dévouement au bien général, vous m'avez accueilli avec bienveillance, vous m'avez encouragé; et, prenant en considération la demande que je vous faisais, au nom du Comité du Travail, d'une somme importante pour encourager un essai d'association entre patrons et ouvriers, vous avez bien voulu me répondre que vous étiez prêt à me venir en aide et à m'appuyer si je parvenais à organiser une association sur les bases que je vous présentais.

Je n'ai pu mettre à profit votre patriotique empressement, car les préventions, les préjugés qui règnent, soit parmi les patrons, soit parmi les ouvriers, ont rendu tout essai de ce genre impossible.

Votre bon vouloir a donc été inutile dans cette circonstance pour la cause publique; vous aviez pensé qu'une tentative de conciliation pouvait apporter d'heureux fruits; cette pensée n'a pu, malheureusement, trouver son application. J'ai dû, avec la plus profonde douleur, renoncer à contribuer au rétablissement de la concorde entre mes concitoyens.

Ne pouvant provoquer un essai comme je l'espérais, j'ai dû me livrer à l'étude de questions d'une application plus facile, et surtout plus conforme à l'esprit de la majorité.

J'avais gardé présent à ma mémoire vos paroles dans une des audiences que vous m'aviez accordées.

« Un ministre de l'agriculture et de l'indus-
» trie, me disiez-vous, ne peut proposer des ré-
» formes profondes qu'à la condition de se savoir
» appuyé par la masse des intérêts ; s'il agit seul,
» il rencontre des obstacles énergiques, actifs,
» qui s'opposent aux réformes.

» Si donc l'agriculture et l'industrie veulent
» des réformes, il faut qu'industriels et agricul-
» teurs se réunissent, discutent, s'agitent et for-
» mulent leurs vœux.

» Alors, un ministre ainsi soutenu pourra réa-
» liser tout ce qui sera utile. »

Ces paroles sont profondément justes, et c'est pour m'y conformer que j'ai déjà sollicité à plusieurs reprises la formation des Chambres agricoles et manufacturières, comme le mécanisme préalable de la réalisation de toutes ces réformes, et que j'ai entrepris de formuler d'une manière simple et précise quelques-unes des réformes indispensables à l'industrie agricole et manufacturière.

Je vous les soumets, Monsieur, comme un hommage de la respectueuse reconnaissance de votre tout dévoué.

François COIGNET
(de Lyon).

Paris, le 5 juin 1849.

AUX PRODUCTEURS

AGRICOLES ET MANUFACTURIERS,

AUX PROPRIÉTAIRES.

La France se trouve dans la crise la plus terrible; la lutte qui s'est établie dans son sein entre les possesseurs et les prolétaires, entre les patrons et les ouvriers, la menace dans son présent, et plus encore dans son avenir.

La solution ne peut plus être ajournée; une réconciliation immédiate doit s'opérer entre les intérêts divisés, ou nous allons subir toutes les horreurs de la guerre civile et de la guerre étrangère.

Propriétaires, producteurs manufacturiers et agricoles, vous tenez le sort de la France dans vos mains; vous pouvez, vous devez effectuer la réconciliation, dussiez-vous faire des sacrifices pour arriver à ce résultat.

D'ailleurs c'est de votre tranquillité, de votre

bonheur, de votre existence même comme Français et comme hommes qu'il s'agit.

La masse du peuple réclame à grands cris des réformes qui mettent un terme à ses souffrances, à ses misères ; la justice de ces réclamations ne peut être contestée. Il faut donc réformer ou périr.

C'est à vous qu'il appartient, par des réformes efficaces, de rétablir la paix dans notre patrie, et de mettre le travail national à l'abri des crises politiques ou financières. Vous avez commis une faute depuis Février, vous vous êtes abstenus ; et pourtant vous ne niez pas la nécessité des réformes ; vous ne niez pas que la masse des ouvriers soit plongée dans la plus effroyable misère ; vous n'ignorez pas que depuis des années la faim s'est intronisée au foyer du prolétaire ; vous n'ignorez pas que le chômage coûte la vie à de nombreux travailleurs, vos frères, des hommes comme vous !

Vous savez bien que vous souffrez vous-mêmes ; manufacturiers, vous êtes assaillis par les encombrements périodiques, par la faillite, par les guerres intestines entre les patrons et les ouvriers.

Agriculteurs, vous êtes ruinés par l'usure,

accablés par les impôts; la misère générale empêche l'écoulement de vos produits.

Propriétaires, vous êtes menacés dans votre possession.

Qu'attendez-vous donc tous pour vous occuper de mettre un terme à tant de maux?

Attendez-vous que les haines soient devenues si violentes, qu'il devienne impossible d'opérer la conciliation?

Ne comprenez-vous pas qu'attendre, c'est marcher à l'abîme?

Ah! vous auriez raison d'attendre si le mal était un mensonge; mais vous attendez par peur, par égoïsme mal entendu et par ignorance des moyens de salut. Vous espérez vainement la lumière de quelques rapports faits par-devant l'Académie. Qu'avez-vous donc besoin de lire des rapports? Rentrez en vous-mêmes, étudiez votre situation; voyez autour de vous, chez vous, à votre porte, ce qu'il y a de souffrances et de misères, et vous reconnaîtrez que vous, les vôtres et ceux qui vous entourent, vous souffrez tous, et que les réformes sont inévitables.

C'est à vous qui avez le loisir, l'éducation, la richesse, c'est à vous de prendre l'initiative de ces réformes. Ne soyez pas assez injustes, assez hostiles à vos propres intérêts pour attendre que les travailleurs, qui n'ont malheureusement ni loisirs, ni éducation, ni richesse, viennent vous imposer eux-mêmes des mesures subversives à force d'être radicales. Il suffit qu'ils souffrent et qu'ils se plaignent pour que ce soit à vous, vous les premiers émancipés, à secourir vos frères mineurs, vos frères qui ont droit aussi à l'émancipation.

Cessez d'écouter les conseils haineux et passionnés de quelques privilégiés qui vous trompent en vous faisant croire que leurs intérêts sont les vôtres. C'est un mensonge; vous êtes leurs premières victimes; ils vous exploitent, et c'est à vos dépens qu'ils perpétuent la guerre sociale dans notre malheureux pays.

Cessez donc de bouder, soyez hommes; si grand que soit le mal, il vous est possible de le guérir.

Vous n'avez qu'à suivre notre exemple; nous aussi, nous avons à conserver le fruit de notre travail, et pourtant nous avons reconnu que la réforme seule, une réforme profonde, pouvait nous sauver; nous sommes convaincu que le plus habile conservateur sera celui qui saura réformer.

C'est dans cette conviction que nous avons entrepris la tâche difficile de démontrer les réformes à accomplir; tâche pénible et cruelle, car nous ne recueillons que l'injustice pour notre dévouement. Méconnu par la bourgeoisie, qui nous appelle anarchiste, parce que nous admettons le droit au travail; méconnu par les ouvriers, qui nous appellent aristocrate, parce que nous soutenons le droit de propriété, il nous faut tout notre courage, toute notre inébranlable conviction pour passer outre.

Étudiez donc et osez appliquer le remède.

Le remède, c'est la réforme du Crédit et du Commerce.

Voulez-vous rétablir la paix entre la possession et le travail?

Voulez-vous sauver la France de la guerre sociale?

Voulez-vous supprimer la misère en arrêtant l'avilissement des salaires?

Voulez-vous supprimer le chômage?

Voulez-vous écouler vos produits?

Voulez-vous être à l'abri des faillites et des accaparements?

Voulez-vous mettre un terme à l'agiotage?

Voulez-vous la diminution des impôts?

Voulez-vous le crédit facile et à bas prix?

Voulez-vous l'abolition de l'usure?

Si vous voulez tout cela, vous n'avez qu'à manifester votre volonté par quelques actes, et vous serez exaucés.

Il faut vous réunir, vous concerter, il faut formuler vos vœux; prenez une initiative que d'aveugles gouvernants ne veulent pas prendre, et vous reconnaîtrez que la souffrance du peuple peut être soulagée immédiatement, et bientôt remplacée par le bien-être, que la concorde peut succéder à la haine, que les abus dont vous êtes victimes peuvent être réformés.

Vous reconnaîtrez que, si aujourd'hui vous êtes obligés d'avilir les salaires, si vous êtes soumis au chômage, si vos produits encombrent vos magasins, si vous êtes dévorés par l'usure et la faillite, c'est parce que la Banque et le commerce se sont implantés dans votre sein, comme le gui sur le chêne, et absorbent le fruit tout entier de vos labeurs.

Croyez-nous donc, et demandez avec nous la RÉFORME DU CRÉDIT ET DU COMMERCE!

RÉFORME

DU

CRÉDIT ET DU COMMERCE

DU PROBLÈME A RÉSOUDRE.

Le crédit est mort; il faut le ressusciter.

La production est paralysée par la chute du crédit, et plus encore par l'insuffisance et l'imperfection de la fonction commerciale; il faut la rétablir, il faut l'augmenter. Les prolétaires sont accablés par toutes les misères; ils subissent toutes les tortures; les possesseurs n'ont plus aucune sécurité : menacés par le prolétariat, assaillis par la concurrence, la faillite, ils voient le fruit de leurs épargnes se dissiper sans retour. La haine fermente entre ces deux grandes classes du peuple; chacune d'elles accuse l'autre de ses souffrances, et cette haine paraît inextinguible.

D'un jour à l'autre, une lutte terrible peut s'engager; affreux combat d'extermination dans lequel chacune des deux classes fera beaucoup de mal à l'autre, sans que la victoire puisse définitivement rester à l'une d'elles. Il faut réconcilier les possesseurs et les prolétaires; il faut prouver aux uns et aux autres que leur union, la solidarité de leurs intérêts, mettraient un terme à tous les maux dont ils se plaignent.

Malgré les impôts dont le peuple est accablé, le gouvernement ne peut plus rétablir l'équilibre dans les finances; chaque jour aggrave le déficit; chaque jour nous rapproche de la banqueroute. Cette honteuse catastrophe est inévitable; car il est matériellement impossible de diminuer aucune dépense en maintenant le système actuel. Loin de diminuer l'armée, il faudra probablement l'augmenter; loin de diminuer la rente, il faudra l'accroître. 1848, 1849 donneront un déficit d'un milliard peut-être.

Si aucune diminution un peu importante dans les dépenses n'est aujourd'hui réalisable, il ne faut pas espérer non plus d'augmentation dans les recettes. Bien loin de là; sur ces trois branches seules du revenu public : les douanes, le sel et la poste, il y aura probablement un déficit de cent cinquante millions, peut-être plus.

On ne peut décréter aucun nouvel impôt sans briser tous les ressorts : frappez la propriété, c'est une Révolution; frappez le capital mobile, il se cachera et ruinera ainsi le pays. Il n'y a rien à faire avec le système actuel; et pourtant il faut rétablir l'équilibre entre les recettes et les dépenses; il faut que la France reprenne son indépendance politique, afin qu'elle puisse jouer un rôle suprême dans les évènements européens.

Au lieu de surcharger l'impôt, il faut le diminuer.

L'usure (c'est-à-dire un revenu du capital hors de proportion avec les services qu'il rend) prélève sur le travail agricole un impôt effroyable. Chaque année cette lèpre étend ses ravages : bientôt la société sera formée, d'une part, d'une féodalité rentière qui, sans travail, sans aucun risque, sans aucune utilité, prélèvera tous les bénéfices ; et, de l'autre, d'un peuple d'esclaves agriculteurs qui supporteront toutes les fatigues, toutes les charges, sans pouvoir participer aux fruits de leur travail.

Il faut mettre un terme à cet état de choses. Il faut que l'agriculteur puisse emprunter à des conditions qui lui soient favorables ; il faut résoudre toutes ces questions, sous peine de mort.

Non-seulement il faut résoudre ce problème immense, mais encore il faut que cette solution s'accomplisse à la satisfaction de tous, prolétaires et possesseurs ; il faut qu'elle s'accomplisse sans bouleverser le vieux monde. Les réformes doivent être mises en pratique librement et volontairement. Il ne suffit pas qu'une réforme soit juste, légitime, légale et pacifique, il faut encore qu'elle ne froisse pas de trop nombreux intérêts.

En effet, si une réforme améliore le sort d'une classe aux dépens d'une autre, n'en doit-il pas fatalement résulter que la classe opprimée devient ennemie de cette réforme ; et que, si cette classe est puissante et nombreuse, elle paralyse et entrave tout changement? Par conséquent une réforme s'établira d'autant plus promptement et sûrement que toutes les classes y trouveront leur avantage. Il est donc clair qu'entre une réforme qui ne donnerait satisfaction aux intérêts des prolétaires qu'en sacrifiant l'intérêt des propriétaires, et une réforme qui satisferait ces deux intérêts à la fois, il n'y a pas à hésiter. La réforme qui satisferait ces deux intérêts serait la meilleure; il faudrait l'adopter.

Or, nous n'hésitons pas à le déclarer, en notre âme et conscience, il est possible de réaliser les réformes les plus radicales SANS FROISSER AUCUN INTÉRÊT, SANS VIOLER AUCUN DROIT. On peut mettre un terme aux souffrances des travailleurs sans avoir besoin de contester les conquêtes de la bourgeoisie. Il ne faut ni liquider, ni abolir, ni détruire; loin de là! mais il faut rendre les richesses et les privilèges accessibles à tous. Il faut appeler les prolétaires à la possession, à la bourgeoisie. Il ne faut point diminuer le bien-être de ceux qui possèdent; mais il faut faire participer à ce bien-être ceux qui en sont aujourd'hui privés.

Voici le problème :

Augmenter les richesses en produisant davantage;

Abaisser le prix des produits, afin de rendre la consommation accessible à tous.

Or, l'augmentation des richesses ne peut provenir que d'une meilleure organisation de la production. L'abaissement du prix des produits ne peut provenir que de l'économie de ressorts, soit dans la production, soit dans la circulation, soit dans la consommation.

Indiquer les moyens d'une production plus parfaite et d'une plus grande économie de ressorts, telle est la tâche que nous nous sommes imposée.

Les projets que nous présentons sont peu nombreux, et cependant ils suffisent à la solution de toutes les difficultés, parce qu'ils s'attaquent à la cause même des abus, et qu'ils la font disparaître. Ainsi, nous n'avons cherché à réformer d'une manière spéciale :

Ni l'impôt;
Ni les souffrances du peuple;
Ni la faillite;
Ni la concurrence;
Ni la fraude, etc.;

Mais bien le système actuel de crédit et de commerce qui est la source de tous ces vices économiques.

Nos moyens sont simples, faciles à comprendre et plus faciles encore à appliquer. C'est dans la simplicité même de nos procédés que nous puisons la conviction que nous sommes dans le vrai. Nos procédés donneront les résultats les plus féconds, les plus puissants, sans que leur mise en pratique exige le moindre effort, sans renverser l'ordre ancien, par simple voie expérimentale.

Un seul exemple suffira pour le prouver :

Le système de crédit actuel est basé sur le numéraire, or et argent, sur la Banque de France, sur la lettre de change ou papier-monnaie individuel.

Nous proposons un nouveau plan de crédit, mais sans demander l'abolition, la liquidation, la suppression de l'ancien système. Nous voulons le maintien, dans sa forme actuelle, de tout ce mécanisme de crédit. Mais nous demandons l'essai d'une organisation nouvelle, en concurrence avec l'ancienne ; de telle sorte que le meilleur système, attirant à lui tous les intérêts de la production, de la circulation, de la consommation, laisse tomber l'autre en désuétude, tout naturellement, par l'effet de son infériorité même.

Et ce que nous proposons pour le crédit, nous le proposons aussi pour le commerce. Aucune institution vitale ne doit être détruite avant d'avoir été remplacée par une institution meilleure.

Nous avons vu la France partagée en deux camps ennemis prêts à s'entre-détruire, faute de connaître les moyens qui pouvaient les concilier et les unir. Ces moyens existent ; nous en avons fait une étude approfondie et consciencieuse, et nous croyons remplir un devoir religieux en prenant la plume pour les développer et les expliquer dans la mesure de nos forces.

PREMIÈRE PARTIE.

PREMIÈRE PARTIE.

DE L'ANCIEN SYSTÈME DE CRÉDIT.

Logiquement, nous devrions débuter par la Production, c'est-à-dire par la fonction agricole et manufacturière. Mais l'organisation de la production touche à la vie intime, aux mœurs, aux habitudes ; des préjugés, des haines même s'opposent, pour le moment, à des réformes générales. En outre, avant de songer à généraliser des procédés industriels, il faut les expérimenter par des essais, afin de reconnaître les procédés les meilleurs, et de ne pas lancer le pays dans des difficultés ruineuses et quelquefois insolubles.

Mais l'expérimentation peut être d'assez longue durée, et pendant ce temps, les maux qui accablent la France continuant de s'aggraver, la dissolution de la société, l'anarchie, les convulsions pourraient s'ensuivre ; l'excès de souffrance ne permettrait plus d'attendre les réformes.

En temps ordinaires, on pourrait procéder graduellement et par voie d'essais ; on pourrait essayer de réformer la production, parce qu'alors la société, n'éprouvant qu'un mal sourd et latent, supporterait sa souffrance ; mais aujourd'hui il faut trouver, sous peine des plus grands dangers, tout de suite, à l'instant même, des moyens de réforme qui portent un soulagement immédiat à tout et partout à la fois.

De toutes les réformes, la plus urgente, suivant nous, c'est la réforme de la circulation commerciale, laquelle se subdivise en :

Réforme du Crédit et de la Banque ;

Réforme du Commerce.

Sans aucun doute ces réformes ne sont pas le dernier mot du progrès économique ; mais la fonction de circulation est aujourd'hui exercée dans un tel désordre, elle est devenue si nuisible à la production et à la consommation par suite de l'usure, de l'agiotage, de la spéculation, de la falsification, de la faillite, du trop grand nombre des agents et de la fourberie générale, que, si l'on mettait un terme à tous ces vices, à tous ces abus, il en résulterait un épanouissement de bien-être immédiat. Il deviendrait alors facile d'expérimenter à loisir les procédés applicables à la production et à la consommation.

Or, nous l'affirmons hautement, sans la moindre hésitation : non-seulement il est possible, mais il est très-facile de réformer l'ancien système de circulation.

Mais, avant de développer les procédés à employer, nous devons examiner l'état actuel du crédit et du commerce, prouver leurs abus et leur insuffisance, et démontrer qu'ils sont devenus incapables de remplir la fonction intermédiaire entre le producteur et le consommateur.

La fonction du crédit est à une société ce que le système sanguin est au corps humain : quand la circulation s'opère difficilement, la société languit ; quand la circulation s'arrête, la société meurt.

Et c'est le cas dans lequel se trouve la société française par suite de la Révolution de Février. La circulation s'est presque complètement arrêtée : aussi la France est-elle sur le bord de l'abîme.

Pourquoi la circulation s'est-elle arrêtée ? Comment peut-on la rétablir ?

Telles sont les questions que nous allons aborder.

La circulation s'est arrêtée, parce que, établie sur un mode vicieux, elle n'a pu résister aux secousses de la Révolution de Février. C'est dans l'analyse que nous ferons des vices de l'ancien système de crédit, que nous puiserons les connaissances nécessaires pour comprendre le système rationnel de crédit qui doit rétablir la circulation.

Toutes les fois qu'un producteur ou un détenteur de produits veut vendre, il n'opère que de deux manières : ou bien il échange ses produits directement contre d'autres produits, ou bien il les échange contre un signe représentatif d'une valeur avec lequel il pourra plus tard opérer un échange contre d'autres produits. Ce dernier mode est le plus généralement employé.

Les signes d'échange sont de trois sortes :

Le numéraire, or et argent,

Le billet de banque,

Le papier-monnaie individuel (lettres de change, obligations, promesses).

C'est avec ces trois signes d'échange que s'opérait toute la circulation française avant la Révolution de Février, mais ils étaient employés dans des proportions bien différentes; il existait environ deux milliards et demi de numéraire, quatre cents millions de billets de banque, et environ douze milliards de papier individuel.

De ces trois signes d'échange, deux ont survécu à la tourmente révolutionnaire : le numéraire métallique, le billet de banque. Le troisième, le papier individuel, a succombé, et sa chute a mis la France à deux doigts de sa perte.

D'où peut provenir cette différence de fortune ? Pourquoi deux de ces signes ont-ils résisté? Pourquoi l'autre a-t-il péri?

Du numéraire métallique.

Le numéraire métallique, l'or et l'argent, conserve en tout temps sa valeur comme signe d'échange, parce qu'il est une marchandise ayant une valeur intrinsèque régulière, et à peu de chose près équivalente à sa valeur nominale. Donc, étant marchandise en même temps que signe d'échange, il offre toute garantie, il porte avec lui toute sa valeur.

Le numéraire métallique, suivant l'expression de

M. Proudhon, est une lettre de change portant avec elle son remboursement.

C'est cet avantage du numéraire métallique, d'être une marchandise d'un prix régulier et fixe, qui fait sa valeur comme signe d'échange; le jour où cette régularité et cette fixité cesseraient, le jour où l'or et l'argent, arrivant en abondance, subiraient une baisse en tant que marchandise, ce jour-là (l'exemple en a été déjà donné lors de la découverte de l'Amérique, et la Californie ne tardera peut-être pas à en donner un nouveau), ce jour-là, disons-nous, l'or, en tant que signe d'échange, tomberait en proportion de la baisse qu'il aurait subie comme marchandise.

La valeur du numéraire métallique, signe d'échange, ne provient donc pas de ses qualités comme métal, ou de ses propriétés, mais bien de ce que, *étant une marchandise* d'un prix régulier et fixe, dont tous les hommes ont constamment besoin, il en résulte que tout porteur de numéraire se sait porteur d'une marchandise qu'il pourra donner en échange de toute autre marchandise qu'il voudra se procurer.

Ce qui précède indique suffisamment la raison pour laquelle le numéraire a résisté au choc de la Révolution de Février.

Il a résisté :

1° Parce que sa garantie n'est pas douteuse, puisqu'il la porte avec lui;

2° Parce qu'il a continué d'être échangeable à vue contre toute espèce de produits, puisque tous les detenteurs de produits l'acceptaient comme étant une marchandise d'un prix fixe, régulier, qu'ils pouvaient, à leur tour, échanger à volonté contre d'autres produits. De ce fait nous pouvons conclure que :

Tout signe d'échange qui aura une garantie aussi assurée que celle du numéraire, et qui sera aussi facilement échangeable contre toute espèce de produits, pourra équivaloir à l'or, et fonctionner aussi bien et au même titre que lui. Ainsi, en Russie on fait des monnaies de platine ; en France et partout il existe de la monnaie de cuivre ; c'est encore ainsi que les Banques, lorsqu'elles offrent des garanties réelles, sérieuses, émettent du papier qui est accepté par tout le monde comme monnaie courante.

De la Banque.

Contre l'attente universelle, les billets de Banque, deuxième signe d'échange, ont conservé leur valeur, malgré le cours forcé, malgré la ruine universelle du crédit. Cette bonne fortune a surpris, étonné bien des gens qui étaient alarmés par le peu de valeur intrinsèque des papiers-monnaie, et par le souvenir des assignats, auxquels on comparait les billets de Banque.

Avant la Révolution, on attribuait la faveur dont jouissait le billet de Banque à l'échange à vue contre le numéraire, et on en concluait que le numéraire seul donnait valeur à ce papier-monnaie.

Mais la Révolution a donné un rude démenti à cette croyance; la Banque a purement et simplement suspendu le remboursement du numéraire, et son papier n'a pas moins continué de circuler sans perte appréciable (1).

Nous pouvons donc affirmer que la faveur dont jouit le billet de Banque ne provient pas de la faculté du remboursement en numéraire, mais bien de ce qu'ayant une garantie, un nantissement suffisant, il doit inspirer la confiance publique, laquelle confiance lui donne, à son tour, le deuxième caractère du numéraire, l'*échange à vue contre toute espèce de produits*, puisque tout détenteur d'un produit l'accepte en payement, ou plutôt en échange contre ses produits.

Quelle est donc cette garantie que le public trouve suffisante pour donner à ce papier une entière confiance?

Cette garantie consiste principalement en papier-monnaie individuel ou effets de commerce. Nul doute que, si ce papier n'était sujet à aucune perte, à aucun déficit, à aucune faillite, cette garantie ne fût suffisante pour couvrir le billet et pour lui attirer toute espèce de confiance. Mais cette garantie

(1) Il est vrai que dans les premiers moments de la panique, alors que tout le monde voulait se nantir d'écus, les changeurs ont exigé jusqu'à 20 ou 25 fr. pour changer contre espèces un billet de Banque de 1,000 fr.; mais le bon sens public a promptement fait cesser un pareil état de choses.

n'est pas absolument certaine ; il peut arriver telle circonstance où, malgré trois bonnes signatures, le gage soit insuffisant (la déroute du crédit après Février en est une preuve évidente).

Sous prétexte de cette éventualité, on a cru devoir créer une garantie spéciale destinée à couvrir cette chance de perte ; cette garantie spéciale est la réserve en numéraire, qui, en effet, est bien plus que suffisante pour compenser les chances de déficit du papier individuel. Cela est si connu, si bien accepté, la garantie est tellement suffisante que le billet de Banque a pu résister à la Révolution et conserver toute sa valeur comme signe d'échange, exactement comme a fait le numéraire.

Cela démontre donc ce que nous avancions, à savoir : que toutes les fois qu'un signe d'échange revêtira les caractères du numéraire, la *garantie certaine*, *l'échange à vue contre les produits*, il jouira de la même confiance que lui et pourra le suppléer.

Du papier-monnaie individuel dit lettre de change.

Nous pouvons maintenant apprécier les raisons de la chute du papier-monnaie individuel ou effets de commerce.

A l'origine des transactions commerciales, on échangea directement les produits ; ce mode d'échange s'appela troc ; mais il dut arriver que le détenteur d'un produit, ne pouvant le troquer que contre un autre produit dont il n'avait pas besoin, aurait été forcé de ne pas faire d'échange si le numéraire n'eût été inventé.

Le numéraire fut donc inventé, c'est-à-dire qu'on adopta d'un commun accord, comme signe général d'échange, une marchandise dont tout homme eût constamment l'emploi et le besoin; ce qui permit alors, en tout temps, de troquer le produit qu'on voulait vendre, contre cette marchandise universellement acceptée.

Pendant très-longtemps, l'or et l'argent furent les seuls signes d'échange; mais ce mode avait les plus graves inconvénients. Les fréquents naufrages, les vols à main armée, dépouillaient constamment les commerçants. En outre, par suite du développement des opérations commerciales, le numéraire devint bientôt insuffisant.

C'est alors que la nécessité stimulant l'intelligence humaine, on inventa la lettre de change.

Or, la lettre de change n'est pas autre chose qu'un certificat constatant qu'un individu a réellement vendu un produit, et qu'un autre individu l'a acheté avec certitude de pouvoir le payer.

Pendant longtemps, soit parce que les lois étaient rigoureuses contre la faillite et la fourberie; soit parce que les commerçants, peu nombreux, étaient plus solvables; soit encore parce que l'agiotage, la spéculation n'étaient pas inventés; soit enfin parce que la morale commerciale était moins relâchée, la mise en circulation d'une lettre de change signifiait qu'un individu avait acheté un produit, ayant une fortune suffisante pour le payer, et qu'un vendeur avait bien réellement livré un produit de la valeur portée sur la lettre de change.

Cette double garantie donnait à la lettre de change, c'est-à-dire à la constatation de la vente et de l'achat, toute la valeur du numéraire, puisque d'une part la garantie était suffisante pour assurer la confiance, et que de l'autre cette confiance permettait l'échange à vue de ce papier contre toute espèce de produits; double caractère du numéraire, ainsi que nous l'avons démontré.

Mais depuis que la liberté illimitée du commerce a attiré des nuées d'agioteurs et de spéculateurs, la plupart inconnus et d'une solvabilité douteuse, vu leur nombre excessif; depuis que l'honneur et la probité se sont retirés, il a été jeté dans la circulation une masse énorme de ce signe d'échange fort mal garanti, puisque souvent l'acquéreur n'a pas de quoi payer, et que très-souvent aussi il n'y a pas même eu de vente. Alors ce papier n'a plus circulé qu'en vertu de l'habitude qu'on avait prise de s'en servir; la confiance s'est peu à peu ébranlée, de telle sorte que, lorsque les commotions révolutionnaires sont survenues, la vérité se faisant jour, le crédit a succombé, et entraîné dans sa chute l'industrie et le commerce.

Évidemment cette désorganisation n'est pas le fait direct d'une Révolution, car les champs ne perdent pas leur fertilité, les hommes ne perdent pas leurs forces pour produire, et ils conservent intacte la faculté de consommer. Pourquoi la consommation s'arrête-t-elle donc et paralyse-t-elle ainsi la production et le travail; paralysie funeste qui engendre, à l'instant, la misère, la faillite, et qui met tout en question? Sans doute cette dépréciation peut provenir, surtout dans les révolutions sociales comme celle de Février, de la contestation qui s'élève sur la légitimité de la possession; mais cette cause n'est que secondaire, et cela est si vrai que la valeur qui a subi le moins de dépréciation après Février est justement celle qui, au début, a été la plus menacée, la propriété territoriale.

A nos yeux le mal provient de la perturbation jetée dans les signes d'échange. En effet, examinons ce qui s'est passé en France depuis quelque temps :

Tant que le papier-monnaie individuel a joui de la confiance publique, il a suffi à la circulation, et il jouissait de cette confiance malgré le peu de solidité et de vérité de ses garanties. Mais le jour où, par suite de la commotion révolutionnaire, la vérité s'est faite sur la réalité de la garantie de ce papier; le jour où on a pu juger clairement l'état des fortunes de ceux qui avaient créé ce papier-monnaie illusoire; le jour où on a pu pénétrer dans le secret de l'existence du plus grand nombre des maisons de commerce;

ce jour-là la population a reconnu combien était peu méritée la confiance qu'elle avait aveuglément accordée à tout particulier, même au moins solvable, voire même au moins honnête, de créer du papier-monnaie alors qu'un pareil droit était refusé à l'État.

De telle sorte que le numéraire demeurant seul, il a fallu tout à coup que l'échange, qui exigeait en tout quinze milliards de signes représentatifs, se fît avec le seul numéraire, c'est-à-dire avec deux milliards et demi, ce qui était évidemment impossible.

Mais l'abaissement subit du mauvais papier individuel entraîna une autre conséquence, qui fut la principale cause de tout le désordre industriel et commercial. Le fonds de roulement des industries ou des maisons de commerce, qui se composait d'une petite partie en numéraire et d'une grande proportion en valeurs de portefeuille, se trouvant subitement réduit au numéraire seul : il en résulta que ces maisons, ayant des engagements proportionnés à tous leurs signes habituels d'échange, numéraire et billets, et n'ayant plus, pour faire face à ces engagements, que leur faible avoir en numéraire, furent obligées de suspendre tout achat, toute opération, afin de garder précieusement leurs espèces pour sauver leur signature.

Or, les commerçants et industriels de France s'étant trouvés, tous à la fois, dans cette situation, il y a eu suspension subite et générale de tout crédit, de toute opération, et, par un effet de répercussion multipliée, le mal a augmenté le mal. La panique s'emparant de tous les esprits, chacun s'est empressé d'enfouir ce numéraire déjà si insuffisant, tant et si bien, qu'il est devenu à peu près impossible de rétablir le crédit individuel.

Nous croyons avoir clairement démontré que l'ancien système de crédit s'est écroulé par le fait du papier-monnaie individuel; mais cette conviction ne s'est pas encore généralisée. Les penseurs et les gouvernants se sont bien inquiétés de la chute du crédit, de la ruine du commerce et de l'industrie; ils ont essayé d'en rechercher les causes, mais il nous semble qu'ils ne les ont pas sufffisamment étudiées et qu'ils n'ont pas bien apprécié l'état réel de la situation.

La préoccupation la plus générale a été qu'il y avait insuffisance de numéraire, et qu'il ne s'agissait que de le remplacer; c'est pourquoi on a proposé la création d'un papier-monnaie ayant cours forcé. Cette préoccupation nous paraît mal fondée. Ce n'est pas le numéraire qui manque, ce n'est pas lui qu'il s'agit de remplacer (nous en avons trois ou quatre fois plus que l'Angleterre); ce qu'il faut remplacer, c'est le papier-monnaie individuel, c'est la lettre de change, l'obligation des particuliers : c'est de ce signe d'échange qu'on a besoin, et non pas de numéraire.

On jetterait dans la circulation deux milliards de numéraire, que la confiance ne se rétablirait pas, car il faudrait que ce numéraire parvînt entre les mains de ceux qui se trouvent épuisés par la déroute du papier individuel. Or cela n'arriverait pas.

En effet, quels étaient les détenteurs du papier individuel? C'étaient les manufacturiers, les industriels, les commerçants. Par conséquent, le but à atteindre, avant tout, aurait dû être de mettre le crédit à la portée de ceux qui en avaient le plus grand besoin. Tel est le problème qu'il fallait et qu'il faut encore résoudre : *Remplacer le papier-monnaie individuel par un signe d'échange* OFFRANT TOUTE ESPÈCE DE GARANTIE, *et devenant, par cela seul, échangeable à vue contre toute espèce de produits.*

Les gouvernants et les promoteurs de systèmes de crédit ne paraissent pas avoir suffisamment compris cette nécessité; ils n'ont pas vu nettement où se trouvait le mal, et par conséquent où il fallait porter le remède; ils n'ont pas tenu compte des conditions normales, indispensables d'un bon crédit.

C'est ainsi qu'on peut s'expliquer l'insuccès des différents projets de Banque hypothécaire qui se sont produits. Ces projets ne donnaient le crédit qu'à l'immeuble : ils ne venaient en aide qu'aux propriétaires; ils n'offraient aucun secours à ceux qui souffraient le plus, aux commerçants et aux industriels. C'est pourquoi ils n'ont dû être appuyés que par les propriétaires, ce qui a permis à la féodalité financière d'en empêcher l'établissement. Mais le jour où, au lieu d'une Banque hypothécaire n'intéressant qu'une seule catégorie de citoyens, on présentera un bon système de crédit donnant satisfaction à tous les intérêts, ce projet, appuyé par tous, frappera d'impuissance la féodalité financière.

L'ORDRE, TEL QU'ON L'ENTEND VULGAIREMENT, EST IMPUISSANT A RÉTABLIR LE CRÉDIT.

Ce qui suit s'adresse à ceux dont les opérations commerciales ont eu jusqu'à ce jour pour base le crédit, c'est-à-dire la lettre de change (traite, promesse, obligation, etc.) ; leur sort est digne de pitié. Avant Février, ils avaient en portefeuille une grande masse de ce signe d'échange, de ce papier-monnaie fictif. Quoique gravement menacé, il jouissait par force, par le besoin général qu'on en avait, d'une demi-confiance, qui l'établissait à peu près sur le pied d'égalité avec le numéraire et le billet de Banque.

Cette richesse, en tant que signe d'échange, est anéantie; cette espèce de numéraire, qui constituait le fonds de roulement des industriels et des commerçants, n'a plus de circulation. Bien plus, ces porteurs de lettres de change possédaient le droit régalien de battre monnaie. Ils créaient, sous les noms de traites, de promesses, de lettres de change, une monnaie, un numéraire, et ils avaient l'avantage de pouvoir le créer sans aucuns frais et sans que la société exigeât d'eux aucune garantie. Ils ne possèdent plus ce droit de battre monnaie, non parce que la loi le leur a retiré, *mais parce que la confiance* qui existait sans aucun motif, avant Février, a fait place à la vérité : on ne veut plus, aujourd'hui, que des valeurs *bien garanties*. De telle sorte que l'arme du crédit s'est brisée dans les mains de ceux qui la portaient ; mais, il faut bien le dire, cette arme ne s'est brisée que parce qu'on en avait abusé.

Toujours est-il que la circulation des signes d'échange, qui s'élevait peut-être, en tout, à quinze milliards, s'est trouvée subitement réduite aux trois milliards de numéraire métallique et de billets de Banque. Il n'est donc pas étonnant que ce prodigieux affaissement ait jeté la perturbation dans les affaires, et que production et circulation aient été et soient encore complètement paralysées.

Les possesseurs et les créateurs de lettres de change, frappés tout à coup d'immobilité, accusent la République de cet étrange désastre ; ils supposent que la Révolution de Février est la seule cause de cette situation. Partant de là, ils s'imaginent qu'il faut rétablir les choses telles qu'elles étaient avant Février ; ils se bercent de l'espoir que ce retour au passé transfuserait une nouvelle vie aux lettres de change expirées, et permettrait, comme jadis, l'émission du papier-monnaie individuel.

Hélas ! c'est une bien grande erreur. Le crédit, basé sur la confiance, a fait son temps ; la confiance agonisait depuis bien des années, elle est définitivement morte. Quel que soit l'ordre qui règne dans les rues, *elle ne renaîtra pas ;* nous allons le prouver :

En effet, nous avons dit précédemment que le crédit ou circulation du signe d'échange s'exerçait par le numéraire, le billet de Banque et la lettre de change. Nous avons vu que le numéraire et le billet de Banque avaient résisté à la chute du crédit, par cela seul qu'ils reposaient sur une garantie certaine ; mais nous avons vu aussi que la lettre de change, ou papier-monnaie individuel, qui, à elle seule, suffisait à opérer les quatre cinquièmes des échanges, avait succombé faute de garantie réelle. Cette chute était inévitable, car la lettre de change n'avait plus aucun des caractères de sécurité qu'elle offrait autrefois.

Nous l'avons déjà dit : la lettre de change est tout simplement un certificat qui est censé indiquer qu'un acquéreur solvable a acheté un produit, lequel a été réellement vendu. Il est évident que ce certificat n'acquiert une valeur qu'à la condition qu'il y ait eu réellement vente, et surtout que l'acquéreur soit solvable. Cela suppose loyauté, bonne foi de la part des contractants, et surtout solvabilité du côté de l'acheteur. Malheureusement la bonne foi et la loyauté sont bannies de la société ; tous les esprits n'ont pas d'autre but que de tromper, que de dissimuler l'état de leur fortune ; et la faillite, autrefois déshonorante, n'est plus qu'un fait prévu dans la spéculation, un malheur intéressant.

Les commerçants, autrefois peu nombreux, reliés entre eux par les jurandes et les corporations, se distinguaient par un esprit de corps, une dignité, une loyauté qui commandaient la confiance.

Le pullulement des agents commerciaux, leur antagonisme, leur insolidarité, la concurrence acharnée qu'ils sont obligés de se faire entre eux, le laisser-faire systématique, ont enlevé tout esprit de corps, toute probité. Le commerce n'est plus qu'un tripot dans lequel la spéculation et l'agiotage font et défont les fortunes en un tour de roue; il en résulte forcément qu'une lettre de change n'est plus la preuve d'une transaction loyale et réelle. Trop souvent même elle n'est qu'un mensonge qu'on appelle *billet de complaisance*, et qui mériterait un nom plus sévère.

Aujourd'hui la lettre de change ne repose plus et ne peut plus reposer sur des garanties sérieuses.

Sans garantie, point de confiance.

Sans confiance, point de lettre de change.

Sans lettre de change, point de crédit.

Sans crédit, plus de vente à terme.

Il faut donc que toutes les opérations se fassent au comptant.

Mais aujourd'hui les opérations ne peuvent se faire au comptant et à distance, sans des frais très-coûteux, sans les plus grands embarras. De toute nécessité, il faut chercher des moyens nouveaux.

L'ordre ne rétablira pas l'honneur et la probité; il ne fera pas que le commerce ne soit une course au clocher où il y a plus de chutes que de succès; il ne rétablira pas les fortunes dévorées par l'agiotage et les spéculations effrénées; il ne fera pas que la faillite ait cessé d'être le comble du déshonneur. Car enfin, il ne faut pas se le dissimuler, c'est sous le règne de l'ordre, c'est sous Louis-Philippe, que la débâcle a commencé; et la liquidation qui s'est opérée si cruellement depuis cette époque se fût forcément accomplie tôt ou tard; seulement, si l'on eût attendu davantage, le désastre eût été peut-être encore plus difficile à réparer.

Aucun détenteur de produits ne peut plus vendre à terme, ne peut plus accepter en payement le papier-monnaie individuel, car personne ne peut aujourd'hui compter sur le lendemain, personne ne peut savoir si un acquéreur est solvable. La confiance est perdue sans retour; on le voit donc, la lettre de change est morte et bien morte.

Et, vît-on régner l'ordre le plus parfait (ce qui est peut-être une illusion bien chimérique), la question n'en serait pas plus avancée. Il faut supprimer la lettre de change éphémère, ou plutôt la remplacer par un papier dont la garantie soit certaine, évidente, authentique pour tous; il faut que la garantie réelle remplace la confiance aveugle : alors le crédit renaîtra. Si l'on n'entre pas dans cette voie, on laissera aggraver le mal, et on arrivera infailliblement à une ruine complète ou à une Révolution.

D'UN BON SYSTÈME DE CRÉDIT. — QU'EST-CE QUE LE CRÉDIT?

Avant d'entrer dans l'examen des conditions d'un bon crédit, nous devons bien préciser ce que nous entendons par *crédit*.

Une grande confusion a été jetée, dans ces derniers temps, sur la signification des mots *échange* et *crédit*.

On a dit : *Créditer, c'est échanger ;* puis on a ajouté que l'on pouvait prêter sans gage, et l'on a dit : *Prêter sans gage* (c'est-à-dire sans garantie), c'est *créditer*.

Or, *créditer étant échanger*, il en est résulté que l'opération qui consiste à donner une valeur réelle et actuellement existante contre une valeur qui n'existe pas encore, mais qu'on espère créer, opération qui constitue le prêt sans gage, a été assimilée à l'échange de deux valeurs égales et réelles.

Nous ne pouvons accepter cette confusion dans les choses et dans les mots.

A nos yeux, l'*échange*, le *crédit* et le *prêt sans gage* sont trois choses essentiellement différentes, exigeant des moyens de solution non moins différents. Nous nions qu'une seule institution ait puissance de donner satisfaction à ces trois termes à la fois : chacun d'eux demande pour son exercice un mécanisme particulier.

Voici, en quelques mots, les caractères qui distinguent ces trois faces de la circulation.

Il y a *échange* lorsque deux possesseurs de valeurs quelconques troquent ces valeurs l'une contre l'autre, en abandonnant réciproquement le droit de propriété qu'ils avaient sur ces valeurs avant l'opération.

Il y a *crédit* toutes les fois qu'un possesseur d'une valeur quelconque la donne en gage, sans cesser d'en être propriétaire, et qu'il reçoit sur le dépôt de ce gage une valeur dont il a besoin ou un signe représentatif, et dont il acquiert ainsi le droit d'usage.

L'*échange* et le *crédit* s'opèrent donc sur des valeurs réelles.

Il y a *prêt sans gage* toutes les fois qu'un individu ou une agrégation d'individus, ne possédant exactement rien que leurs bras, leur intelligence, leur probité, empruntent les moyens d'utiliser leur aptitude au travail, et qu'ils les obtiennent, sans offrir d'autre garantie que leur *promesse* de rembourser plus tard ces moyens de travail sur leurs produits futurs.

Le *prêt sans gage* est donc une opération tout éventuelle, et, comme telle, soumise à de nombreuses chances de perte, dont le prêteur seul est responsable, puisque l'emprunteur n'offre pas de garantie réelle.

On ne peut se le dissimuler, il existe une grande différence entre ces trois genres de transaction; rien ne peut faire qu'on puisse assimiler un produit accompli à un produit futur, lequel peut ne pas s'accomplir.

Si l'on ne peut faire cette assimilation, il est de toute évidence que l'*échange*, le *crédit* et le *prêt sans gage* ne peuvent s'opérer à des conditions semblables et par la même institution. Aussi disons-nous que chacune de ces fonctions exige un organe spécial.

L'*échange* doit être opéré par le Comptoir communal,

Le *crédit* par la Banque unitaire d'État,

Le *prêt sans gage* par l'Association.

Aucun de ces trois modes d'organisation ne peut suppléer les autres (1). Notre travail a pour objet l'exposition de ces trois Institutions.

(1) M. Proudhon prétendait le contraire; il croyait que la Banque du Peuple pourrait donner à la fois le crédit, l'échange et le prêt sans gage, il voulait donner à ces trois opérations si différentes un seul et unique signe représentatif.

Nous concevons, à la rigueur, l'*échange* et le *crédit* opérés en apparence par une institution unique, mais nous nions formellement que l'institution chargée d'opérer l'*échange* et le *crédit* puisse en même temps donner *le prêt sans gage*, c'est-à-dire l'usage des terres, des maisons, des capitaux, des usines, des matières premières sans garanties.

Nous sommes convaincu que si la Banque du Peuple eût opéré *le prêt sans gage*, gratuit ou non, la confiance obligatoire des adhérents n'y eût pas résisté; l'industrie actuelle étant soumise à trop d'éventualités funestes, jamais ceux qui don-

Il y a deux modes de crédit :

Le *crédit individuel* et le *crédit collectif.*

Chacun de ces modes de crédit a son caractère propre qui le distingue de l'autre.

Le *crédit individuel* consiste en ce qu'un emprunteur, ayant besoin d'une valeur ou d'un objet déterminé, s'adresse à un individu possesseur de cette valeur ou de cet objet ; il intervient alors un arrangement entre le prêteur et l'emprunteur, par lequel l'emprunteur remet au prêteur un gage dont il conserve la propriété, tandis que sur ce gage, le prêteur cède à l'emprunteur l'usage de la valeur ou de l'objet déterminé, tout en en conservant la propriété.

Il est évident que le prêteur, cédant l'usage de sa valeur ou de son objet, se prive de cet usage, et qu'il a droit, par réciprocité, à une indemnité d'une valeur égale à cet usage. *Cette indemnité, cette réciprocité, c'est le revenu.* En cas de crédit individuel, il est impossible de concevoir que ce crédit soit gratuit. Il faut que le prêteur ait un avantage quelconque pour prêter, autrement il ne prêterait pas. Le crédit individuel exclut donc absolument l'idée de gratuité.

Ce mode de crédit a été à peu près le seul usité en France jusqu'à ce jour ; les banques ou moyens de crédit collectif sont des créations récentes.

neront des gages réels pour avoir un bon de circulation, n'admettront la solidarité et l'égalité de conditions avec ceux qui ne donneront aucun gage.

Les avantages que l'emprunteur accorde au prêteur ne peuvent se déterminer arbitrairement ; ils sont en proportion inverse des valeurs, et en raison directe des besoins : c'est-à-dire que s'il y a beaucoup de besoins et peu de valeurs, le droit d'usage ou revenu augmente ; si, au contraire, il y a beaucoup de valeurs et peu de besoins, il s'abaisse.

Le droit d'usage ne suit pas d'autre loi que la loi de l'offre et de la demande.

Il n'en est pas de même du crédit collectif. Le *crédit collectif* s'exerce au moyen des banques. Les banques ne donnent pas à l'emprunteur, comme le crédit individuel, une valeur ou un objet déterminés de l'usage desquels se prive le prêteur ; elles donnent tout simplement à l'emprunteur un signe représentatif du gage sur lequel celui-ci emprunte.

L'émission du billet de banque n'est donc pas autre chose que la mobilisation, la monétisation du gage déposé ; car la banque, recevant un gage, et donnant à l'emprunteur un signe représentatif de ce gage, se trouve *battre monnaie* avec ce gage, de la même manière que l'on fait des pièces d'or avec de l'or ; *seulement, au lieu de monétiser l'or*, on monétise toutes les valeurs réelles données en gage.

Cette monétisation s'opère à très-peu de frais, puisqu'il ne s'agit que de certificats appelés *billets de banque ;* on conçoit donc que les banques, ne prêtant pas une valeur ou un objet déterminé, et ne subissant par conséquent pas de dommages par la privation de l'usage de cette valeur ou de cet objet, n'ont pas droit à une indemnité aussi considérable que l'individu qui subit cette privation.

Telle est la raison qui fait que les banques prélèvent un intérêt moins élevé que l'individu.

Remarquons cependant que les banques ne font pas jouir les emprunteurs de tous les avantages qu'elles devraient leur accorder.

Il y a à cela deux causes : impuissance et mauvaise volonté.

Les banques opérant l'émission de leurs billets sur un gage mal garanti (la lettre de change), elles ont été obligées, jusqu'à ce jour, d'avoir en caisse une réserve considérable, destinée à couvrir les pertes subies sur les lettres de change, réserve dont il a bien fallu payer le loyer aux actionnaires.

Nous démontrerons plus loin que les réformes que nous proposons, rendant *absolument certaine* la garantie de la lettre de change, et celle de tous les autres gages, il est possible d'établir une banque sans réserve, puisqu'il n'y aura plus de pertes : ce qui diminuera d'autant l'intérêt à prélever.

Les banques ayant été créées par des particuliers, il faut que ceux-ci trouvent un avantage, un bénéfice à l'émission du billet de banque, sinon les banques ne l'opèreraient pas.

Si la banque était entre les mains de l'État, il est de toute évidence que l'État, ayant intérêt à augmenter la production, à faciliter la circulation, donnerait le crédit aux emprunteurs aux conditions les plus favorables.

C'est pour cela que nous demandons la création d'une Banque d'État.

De ce qui précède il résulte ces faits : le crédit individuel est le plus onéreux, parce que le prêteur, subissant une privation, a droit à une indemnité.

Le crédit collectif n'étant que la monétisation du gage déposé par l'emprunteur, peut et doit donner le crédit à des conditions plus avantageuses à l'emprunteur que le crédit individuel.

Si le crédit collectif peut émaner de l'État, sans que l'État ait besoin d'avoir une réserve en espèces, les conditions du crédit seront encore meilleures pour les emprunteurs.

Le crédit individuel est donc la forme de crédit la plus onéreuse à l'emprunteur ; il est impossible de modifier ces conditions onéreuses ; aucune loi ne peut intervenir entre l'emprunteur et le prêteur sans détruire la liberté des transactions ; et sans liberté, point de transactions.

Le crédit individuel ne pouvant avoir d'autre régulateur que la loi de l'offre et de la demande, nous n'avons pas à nous en occuper. Nous ne porterons donc notre attention que sur le *crédit collectif émanant des Banques.*

Il est une condition fondamentale hors de laquelle il n'y a pas de banque possible.

Le billet de banque étant un signe représentatif,

il faut qu'il représente une valeur bien réelle, au moins égale, sinon supérieure, à la somme inscrite sur le billet. *Il faut donc, avant tout, que la Banque ne prête* JAMAIS *sans garantie complète.*

Le jour où un billet n'aurait point de gage, la dépréciation amènerait la chute de la banque.

Une banque ne connaît pas les hommes, elle ne connaît qu'un gage qu'elle monétise. Sans gage, *point de monétisation.*

Il ne viendrait à l'esprit de personne de vouloir faire de la monnaie d'or sans or : il ne doit venir à l'esprit de personne qu'une banque qui est une institution battant monnaie avec un gage, puisse faire de la monnaie sans gage.

Nous nions donc formellement la possibilité de créer une institution chargée d'opérer tout à la fois le crédit ou prêt sur gage et le prêt sans gage, et de représenter ces deux opérations (qui sont diamétralement opposées) par un seul et même signe représentatif. L'un est la négation de l'autre : si une banque prête sans gage, elle est perdue; si au contraire elle exige un gage, elle ne peut opérer le prêt sans gage. Ce n'est qu'à cette condition que le crédit deviendra inébranlable, qu'il sera à l'abri des révolutions, et qu'il deviendra possible de mettre un terme à ces crises périodiques de la circulation, qui viennent si souvent plonger les travailleurs dans la ruine et la misère.

Il ne s'ensuit pas de ce que nous venons de dire,

que l'individu qui n'a pas de garantie matérielle à offrir, ne doive pas pouvoir obtenir le prêt ou l'instrument de travail dont il a besoin. A Dieu ne plaise! il doit l'obtenir, et même il doit pouvoir l'obtenir aux conditions les plus favorables.

Il faut que TOUT HOMME TROUVE, EN TOUT TEMPS, LE MOYEN DE TRAVAILLER.

Mais ce n'est pas une institution de crédit qui peut faire l'avance des instruments de travail; il faut pour cela une Institution spéciale.

Il faut l'Association.

L'association seule, et non une banque, peut faire ce prêt sans garantie matérielle à un individu; car elle seule peut connaître et apprécier ses talents, son zèle, sa probité, seules garanties que l'ouvrier puisse offrir.

Mais l'association rentre dans un autre ordre de faits qui n'a aucun rapport avec une institution de crédit.

L'examen des conditions les meilleures de l'association fera le sujet de la seconde partie de notre travail.

CONDITIONS D'UN BON SYSTÈME DE CRÉDIT.

Les conditions d'un bon système de crédit sont assez nombreuses ; elles sont toutes de la plus haute importance ; en négliger une seule, ce serait compromettre l'institution.

Parmi ces conditions, il en est une que nous pouvons appeler *pivotale*, parce que sans elle il n'y a pas d'institution de crédit possible. Nous voulons parler de la garantie certaine, authentique, inébranlable du signe d'échange à émettre par l'institution de crédit, la *Garantie absolue*. De toutes les conditions, c'est la plus importante.

Voici les autres conditions à remplir :

1° Mettre le crédit à la portée de toutes les valeurs, meubles et immeubles, avec la plus parfaite égalité, c'est-à-dire que tous possesseurs de terres, maisons, usines, produits, marchandises, actions industrielles, etc., puissent emprunter à des conditions également favorables ;

2° N'opérer d'émission de signes d'échange ou billets de banque, que sur un nantissement d'une valeur en meubles ou immeubles supérieure à la somme du papier émis ;

3° N'accepter en nantissement une valeur meuble

ou immeuble qu'après une sévère expertise; l'expertise ayant pour but de déterminer la somme en billets de banque à émettre sur le nantissement d'une valeur, il importe qu'elle ne soit confiée qu'à des hommes dont la compétence et la probité soient parfaitement constatées;

4° Ne faire entrer le billet de banque dans la circulation que sur le libre consentement des intéressés, sans *cours forcé*, par le fait seul de la confiance méritée par l'authenticité et la validité de la garantie;

5° Ne prélever qu'un intérêt modéré, 3 0/0 par exemple, sur l'émission du papier, quel que soit le gage, meuble ou immeuble, donnant lieu à l'émission;

6° N'émettre des billets qu'en proportion des besoins; par conséquent, obligation à la banque de recevoir et retirer aux conditions de l'émission, c'est-à-dire en remboursant l'intérêt, tous les billets qui lui seraient présentés;

7° Faire des billets de faibles coupures, et n'en émettre qu'en proportion des besoins de la circulation;

8° Ne mettre le crédit à la portée du meuble qu'après *dépôt préalable* du gage;

9° Comme il est de la plus haute importance que la valeur du gage puisse être constatée en tout temps, non-seulement la Banque ne doit recevoir aucun gage sans le soumettre à une expertise, qui en appréciera souverainement et en toute liberté la valeur intrinsèque(1), mais encore elle ne doit émettre de billets de banque sur un gage, que moyennant l'engagement pris par l'emprunteur de rembourser la somme prêtée aux échéances convenues.

Le maximum de durée pour chaque prêt doit varier suivant la nature du gage; mais cette durée pourra être aussi courte que la Banque l'exigera.

A l'échéance, il sera facultatif à la Banque de poursuivre, par les voies de droit, le remboursement de la somme qu'elle aura émise, ou de renouveler le prêt, si le gage a conservé toute sa valeur.

10° Enfin la Banque devra ouvrir de nombreux comptoirs, afin que tout Français puisse comprendre ce mécanisme en le voyant fonctionner sous ses yeux, et s'assurer par lui-même que le billet de banque est bien le signe représentatif d'une valeur réelle et authentique.

Examinons plus en détail, maintenant, chacune de ces conditions.

(1) M. Proudhon n'attache pas autant d'importance que nous à la garantie réelle; il suppose qu'on peut la remplacer par un engagement d'accepter le papier en payement sans s'inquiéter de la garantie.

Il avait entrepris de le démontrer par la mise en pratique de la Banque du Peuple, dont tous les adhérents signaient l'engagement de délivrer leurs produits contre le papier de la Banque du Peuple.

Les adhérents prenaient donc l'engagement d'avoir confiance *quand même*. Cette confiance par contrat est un moyen nouveau dont la pratique seule eût pu déterminer la portée et la valeur.

Nous avons déjà dit que la garantie réelle était la condition *essentielle* et *pivotale* d'un bon système de crédit.

C'est faute de garantie que tous les papiers-monnaie ont succombé jusqu'à ce jour. Système de Law, assignats, lettres de change, ont succombé par manque de garantie réelle, et, nous le disons en toute conscience, tout papier qui sera émis sans garantie réelle subira d'abord une dépréciation, ensuite une chute complète. C'est parce que la Banque de France actuelle a offert une garantie sérieuse que son papier a résisté à la commotion de Février.

Nous n'insisterons pas plus longtemps sur la nécessité de la garantie réelle. Nous sommes convaincu que, si la lettre de change avait été parfaitement garantie, le crédit n'eût point été tué après Février. Bornons-nous à répéter ici que :

L'Institution de crédit que nous proposons, a pour but de substituer à la lettre de change un signe d'échange indubitablement garanti par un nantissement d'une valeur supérieure, en meubles ou en immeubles ;

QUE LE BILLET DE BANQUE NE DOIT ÊTRE QUE LA MONÉTISATION D'UNE VALEUR QUELCONQUE. *De telle sorte que la Banque d'État doit être une espèce de mont-de-piété général de toutes les valeurs, dont les récépissés seraient les billets de banque.*

Si la garantie est la condition pivotale d'un bon

système de crédit, elle n'en est pas, avons-nous dit, la seule condition.

Le crédit doit être mis à la portée de toutes les valeurs, meubles et immeubles.

L'ancien système de crédit, basé sur la lettre de change, ne mettait le crédit qu'à la portée du meuble. En effet, les banques collectives ou particulières ne prêtaient que sur lettres de change. Lorsque les lettres de change étaient revêtues de bonnes signatures, elles obtenaient le crédit à de bonnes conditions; les banques collectives les escomptaient à 4 p. 100 l'an.

Mais, pendant que le meuble, par le moyen de la lettre de change, avait le crédit à 4 p. 100, l'immeuble ne pouvait l'obtenir qu'aux conditions les plus onéreuses, par le moyen de l'hypothèque. Tout le monde sait que le crédit que le meuble obtient à 4 p. 100 ne coûte jamais moins de 7 à 8 p. 100 pour l'immeuble, si on ajoute à l'intérêt porté au contrat les frais de notaire et d'enregistrement; et qu'il s'élève fréquemment, quand il s'agit de petites sommes, à 10, 15 et 20 p. 100.

L'ancien système de crédit est donc onéreux à l'immeuble, et, depuis la chute de la lettre de change, le meuble ne l'obtient plus à aucune condition.

Rétablir le crédit pour le meuble, et le donner à l'immeuble aux conditions les plus favorables, tel est le but qu'il faut atteindre.

Mais, pour que ce crédit soit inébranlable, pour

qu'il n'y ait plus de chute possible, il ne faut émettre de signes d'échange que sur nantissement d'une valeur supérieure, meuble ou immeuble.

S'agit-il de produits ou marchandises? il faut que ce produit soit soumis à une expertise qui en détermine la valeur intrinsèque ; et que ce soit sur la valeur constatée et fixée par un jury compétent qu'on règle l'émission du billet de banque ; de telle sorte que tout porteur d'un billet de banque de 1,000 francs, ait la certitude complète que ce billet a pour gage une valeur réelle de 1,200 ou de 1,500 francs.

Il en doit être de même pour l'immeuble.

L'immeuble sur lequel on voudra emprunter devra être soumis à l'expertise, et les experts seuls devront déterminer la somme à émettre sur le nantissement offert pour gage.

Il est de toute évidence qu'un billet ainsi garanti par une valeur supérieure à l'émission, jouira de la confiance publique. Vouloir l'appuyer par le *cours forcé*, ce serait une faute. Lorsqu'un papier a besoin du *cours forcé* pour circuler, c'est un aveu de l'insuffisance de la garantie. Décréter le *cours forcé*, c'est faire appel à la méfiance.

D'ailleurs, il faut bien qu'on le sache, le *cours forcé* est une illusion ; aucune loi, aucune pénalité ne peut faire accepter un signe d'échange pour l'équivalent d'une valeur, s'il n'en est pas réellement l'équivalent ; les exemples sont trop nombreux pour que nous ayons besoin d'insister sur ce point.

Nous ne craignons pas de le dire : le billet de la Banque de France n'a point circulé à cause du *cours forcé ;* il a circulé malgré le *cours forcé :* c'est la plus belle constatation de la solidité de sa garantie.

Quant à la nécessité de ne prélever qu'un intérêt modéré, cela n'a pas besoin de démonstration ; tout le monde sait que plus le crédit s'obtient à de favorables conditions, plus la richesse générale s'agrandit ; nous n'insisterons pas non plus sur ce point.

Une condition indispensable pour éviter la dépréciation est que la circulation ne soit pas surchargée, que le billet ne circule qu'en proportion des besoins ; la dépréciation et la chute des assignats sont dues, en grande partie, à ce que l'on avait mis en circulation du papier-monnaie en quantité hors de toute proportion avec les besoins.

Nous avons dit que tout possesseur d'une valeur, meuble ou immeuble, devait pouvoir obtenir le crédit. Si tous les possesseurs de valeurs, meubles ou immeubles, demandaient, à la fois, la totalité du crédit auquel ils ont droit, il pourrait en résulter la mise en circulation de toutes les valeurs de la France, en tout peut-être 50 à 60 milliards, puisque le capital français s'élève à plus de 80 milliards.

Cette masse énorme avilirait le papier.

Mais il est facile de prévenir cet inconvénient et d'y obvier.

La Banque prélève un intérêt sur l'émission de ses billets. Or, l'emprunteur ayant un intérêt à payer, il est de toute évidence qu'il n'empruntera que la somme dont il aura réellement besoin.

Mais cela ne suffirait pas : la prudence des hommes s'égarant facilement, il pourrait arriver, malgré l'intérêt, que des emprunts trop considérables fussent demandés et accordés.

Il faut donc que la Banque, qui émet son papier à trois pour cent, accepte et retire ce papier lorsqu'il lui sera présenté, et *qu'elle serve*, à celui qui le lui rendra, les mêmes intérêts *à trois pour cent.*

Par conséquent, toutes les fois qu'un porteur de papier n'en aura plus l'emploi, il le rapportera à la Banque. Il est évident qu'en fait il ne restera dans la circulation que la masse de papier strictement indispensable aux besoins réels.

La Banque doit émettre des coupons de billets d'une très-faible somme.

Nous avouons n'avoir pu découvrir encore les bonnes raisons, si elle en a, pour lesquelles la Banque de France s'est opposée, jusqu'à ce jour, à la mise en circulation des billets d'une faible coupure; nous n'avons pu trouver d'autre cause à cette opposition qu'un intérêt égoïste : nous supposons que la Banque a voulu éviter, dans l'intérêt du numéraire, de populariser le billet de Banque.

On conçoit que, s'il y avait des billets de cinq et de dix francs, le numéraire serait remplacé dans presque toutes les transactions; nous devons croire que c'est précisément là ce qu'on a voulu empêcher.

L'expérience prouve qu'une pareille émission de petits billets jouit de la faveur publique. En effet, dans plusieurs pays étrangers, il existe des billets de ce genre, et nous ne sachons pas qu'il en résulte aucun inconvénient. Il y a plus, la Révolution de Février a fourni à notre connaissance deux exemples bien concluants : la Banque de Lyon avait émis des coupons de vingt-cinq francs; ces coupons sont entrés immédiatement en circulation, et un désappointement très-vif s'est manifesté lorsqu'on en a opéré le retrait; ces coupons étaient très-utiles pour les petits payements.

D'un autre côté, la Compagnie charbonnière de la Loire, que l'on n'accusera certes pas d'être hostile aux monopoles, avait mis en circulation des Bons de dix francs, avec lesquels elle payait ses ouvriers : ces Bons ont été acceptés par eux sans aucune contestation. On peut donc, sans aucun danger, émettre de petits billets de banque.

Afin de donner le crédit aux meubles, aux produits et marchandises, il devra être annexé à chaque Comptoir de banque un Entrepôt où seront déposés ces gages.

La constitution de ces entrepôts entraînant une réforme radicale du commerce, nous ne nous en occuperons pas ici. L'établissement de cette Institution nouvelle sera traité plus loin avec tous les détails convenables, lorsque nous décrirons la réforme du Commerce.

Enfin, avons-nous dit, la Banque doit ouvrir des comptoirs nombreux.

En effet, il est de la plus grande importance que tout homme en France, fût-ce le paysan le plus ignorant, sache ce que c'est qu'une banque; il est de la dernière importance qu'il s'assure par lui-même, qu'il voie de ses propres yeux que, pour obtenir un billet de banque, il faut déposer une valeur *supérieure à ce billet.*

Lorsqu'il sera bien convaincu que tout billet est le signe représentatif d'une valeur supérieure, lorsqu'il pourra toucher du doigt la preuve de cette condition obligatoire, il perdra ses préjugés à l'endroit du billet de banque, et il ne supposera pas que la Banque de France est une fabrique arbitraire de papier-monnaie.

Il faut donc, si l'on veut voir réussir un vaste système de banque, établir des comptoirs partout, même dans les localités les plus éloignées et les plus pauvres.

Moyennant toutes ces conditions, on pourra réaliser un crédit inébranlable, à l'abri de toutes les révolutions politiques et sociales, et utile à tout le monde.

UN BON SYSTÈME DE CRÉDIT COLLECTIF PEUT ÊTRE MIS EN PRATIQUE PAR LES PARTICULIERS. — EXTENSION DE LA BANQUE DE FRANCE.

L'origine de toutes les fautes qui ont été commises depuis la Révolution de Février, se trouve dans l'ignorance trop générale des conditions d'un bon système de crédit.

Les gouvernants sentaient bien que l'ancien système de crédit était mort; mais ils n'avaient pas suffisamment compris que la chute du crédit était produite par l'affaissement de la lettre de change; ils ne purent donc pas rétablir le crédit soit en remplaçant la lettre de change par un signe d'échange plus solide, soit en la reconstituant sur des garanties réelles.

D'un autre côté ils savaient bien apprécier que la Banque de France, au lieu d'être une institution de crédit utile à tous, n'était qu'un instrument de privilège. Il leur venait donc, de temps à autre, des velléités de déclarer la Banque de France Banque d'État. Il y avait à cela de graves inconvénients. Cette banque était la dernière ressource, le palladium du crédit; les préjugés les plus tenaces s'opposaient à son absorption par l'État. Ils n'osèrent pas y porter la main.

Ne sachant comment réaliser les réformes du crédit, ils prirent le parti de ne rien faire et de maintenir l'ancien état de choses.

C'est ainsi qu'ils furent amenés à promulguer le désastreux décret des 45 centimes, qui sera à jamais le désespoir des hommes de Février.

Mais ce que l'on n'a pas su faire depuis Février, ce que peut-être l'on n'a pas pu faire, on peut le faire aujourd'hui.

Les préjugés sur le papier-monnaie, qui naguère encore étaient pleins de force, n'existent pour ainsi dire plus aujourd'hui ; le peuple tout entier s'est familiarisé avec les lois véritables du crédit. Bientôt, en France, il n'y aura plus un seul homme qui ne sache qu'un signe d'échange, s'il est parfaitement garanti et s'il est échangeable à vue contre toute espèce de valeur, est, en réalité, aussi bon que l'or ou l'argent.

Le moment est donc venu de réaliser une vaste Institution de crédit collectif.

Le temps des hésitations est passé ; elles ne sont plus permises. Le crédit individuel est trop onéreux ; il faut organiser le crédit collectif. Nous ne considérons pas la Banque de France comme une institution suffisante ; elle n'est qu'une illusion du véritable crédit.

L'hésitation n'est plus permise que sur la question de savoir si le crédit collectif doit être aux mains des particuliers ou dans celles de l'État.

L'un et l'autre mode peuvent être employés ; tous les deux peuvent donner des résultats immenses.

Toutefois, nous espérons démontrer que le crédit par l'État est de beaucoup supérieur aux Institutions de crédit par les particuliers. Malgré notre conviction à cet égard, l'état des esprits, la force des préjugés, l'intérêt personnel, pouvant faire préférer aujourd'hui le crédit par les particuliers, nous devons tenir compte de cette situation, et aborder l'examen des conditions normales de ce mode de crédit.

Quelle que soit la forme qu'on adopte (car il y a plusieurs systèmes), une Institution de crédit entre les mains des particuliers doit remplir certaines conditions indispensables.

Nous ne nous attacherons ici qu'à un seul système, celui de l'extension de la Banque de France ; nous laisserons de côté les autres systèmes préconisés, sans toutefois prétendre, par là, rien préjuger contre eux.

Mais la Banque de France est en pleine fonction ; elle jouit de la confiance générale ; à nos yeux, c'est un fait important ; aussi croyons-nous la transformation de cet établissement chose très-facile et surtout promptement réalisable.

Nous supposerons donc que le gouvernement français, reconnaissant qu'une réforme de l'ancien système de crédit est devenue indispensable, rende le décret suivant :

DÉCRET.

Le privilège de la Banque de France ne sera renouvelé qu'aux conditions suivantes :

ART. 1er. L'encaisse actuel de la Banque, ou réserve en numéraire de cent millions pourra être porté à un milliard.

ART. 2. La Banque sera autorisée à émettre une somme de billets de banque six fois égale à l'encaisse ou réserve (1).

ART. 3. La réalisation de l'encaisse ou réserve se fera progressivement, au fur et à mesure des besoins, et sur ordonnance du gouvernement.

ART. 4. La Banque sera tenue, comme par le passé, d'opérer l'échange à vue et en espèces de ses billets en circulation.

ART. 5. Elle continuera d'escompter les effets de commerce ou lettres de change aux conditions usitées jusqu'à ce jour.

Elle est, en outre, autorisée à prêter :

Sur dépôt de titres de propriété, de terres, de maisons, d'usines, etc. ;

Sur dépôt de coupons de rentes, ou d'actions industrielles ;

Sur dépôt de produits ou marchandises.

ART. 6. L'émission de billets de banque qu'elle opèrera sur ces divers dépôts, ne pourra avoir lieu qu'après l'avis d'un jury d'expertise spécial, qui déterminera le chiffre de la somme à émettre.

Ce chiffre sera toujours inférieur à la valeur des divers dépôts.

ART. 7. La Banque de France émettra ses billets moyennant un intérêt de 3 0/0 par an, quelle que soit la nature du dépôt sur lequel elle prêtera.

(1) Un encaisse de cette importance n'a rien de surprenant ; il se réaliserait immédiatement, nous n'en voulons pour preuve que les 350 millions d'écus qui sont aujourd'hui dans les caves de la Banque de France.

Art. 8. Afin qu'elle puisse opérer l'escompte sur dépôt de marchandises et produits, il sera annexé à chaque Comptoir de la Banque un Entrepôt où seront déposées lesdites marchandises, *aux conditions stipulées dans un décret spécial.*

Art. 9. L'échéance des prêts de la Banque sur titres de propriétés, de terres, ne pourra dépasser dix ans.

L'échéance des prêts sur maisons ou usines ne pourra dépasser cinq ans.

L'échéance des prêts sur coupons de rentes, actions industrielles, produits et marchandises, ne pourra dépasser une année.

Néanmoins les échéances pourront être aussi courtes que la Banque le jugera convenable.

Un jury d'expertise, spécial pour chaque nantissement, sera chargé de déterminer le maximum de l'échéance pour ces divers prêts.

Art. 10. La Banque émettra, suivant les besoins de la circulation, des coupons de 5, 10 et 20 fr.

Art. 11. Tout porteur de billets de banque pourra les déposer à la Banque, qui lui en paiera l'intérêt à raison de trois pour cent l'an.

Art. 12. Une succursale de la Banque sera établie dans chaque chef-lieu de département, et en outre dans toutes les localités dans lesquelles le gouvernement reconnaîtra nécessaire d'en établir.

Un décret de ce genre (car nous n'avons pas la prétention de proposer celui qui précède comme un modèle, et nous n'avons voulu qu'indiquer à grands traits ce que nous croyions possible), un décret de ce genre, donnant le crédit au meuble et à l'immeuble à de bonnes conditions, doterait immédiatement la France d'un système de crédit puissant et inébranlable, qui amènerait pour résultat la reprise subite de la circulation et du travail, surtout si on y joignait la réforme du Commerce, que nous décrirons plus loin.

Examinons, maintenant, si cette extension de la Banque de France est possible, si elle n'offre aucun danger, et si le billet de banque continuerait à jouir de la confiance qui a permis à la Banque, dans sa forme actuelle, de traverser la tourmente révolutionnaire.

La première objection qui sera faite portera sur le chiffre de l'émission autorisée à six milliards. On craindra qu'une émission aussi considérable ne fasse tomber le billet en dépréciation.

Voici notre réponse :

Lorsque le portefeuille de la Banque était garni de lettres de change, lorsque l'émission des billets de banque était portée au double de ce qu'elle est aujourd'hui, le billet de banque était-il déprécié? Non; on considérait, au contraire, cette émission comme une preuve de prospérité.

Nous ne craignons pas de le dire : si la Banque émettait les six milliards dont nous avons parlé, ce serait la preuve de la plus haute prospérité; car, s'ils demeuraient dans la circulation, cela prouverait que le pays en a réellement besoin.

Tout porteur de billets pouvant les présenter à la Banque et en retirer un intérêt de 3 *p.* 100, *il est évident que, si on ne les présentait pas, ce serait la preuve qu'ils sont utiles.*

Il faut d'ailleurs bien se pénétrer de ceci, c'est que, ce système exigeant, pour l'obtention du crédit, le dépôt préalable des marchandises dans des entrepôts, il en résulterait (ainsi que nous le démontrerons dans la partie de notre travail qui traitera la question commerciale) la suppression de la plus grande partie des lettres de change.

Or, puisque l'ancien système de crédit exigeait une circulation de plus de dix milliards de lettres de change, il est clair *que ces lettres de change cessant de circuler, il faudrait les remplacer par quelque chose. Ce remplacement serait opéré par le billet de banque.*

Il ne peut venir à l'esprit de personne que le billet de banque ne soit mieux garanti que la lettre de change; il est donc de toute rigueur qu'il jouisse d'une confiance plus grande.

Le danger d'une émission trop considérable n'existe pas; car nous ne disons pas : la Banque émettra six milliards de billets; nous disons : la Banque *pourra émettre*, elle sera autorisée à émettre six milliards de billets. Il y a donc toute sécurité.

Mais, dira-t-on, le peuple ne veut pas de papier-monnaie.

A cela nous répondons qu'on se trompe ; le peuple veut si bien du papier-monnaie, qu'il accepte parfaitement, ou du moins, qu'il a accepté jusqu'à ce jour le papier-monnaie individuel ou lettre de change, parce qu'il le croyait bien garanti ; il n'en veut plus aujourd'hui, et il a bien raison, car c'est un papier sans garantie. Mais si on lui offrait un papier parfaitement garanti par le nantissement d'un gage d'une valeur supérieure, est-il possible d'admettre qu'il lui préférât la lettre de change? — Non. Nous sommes même tellement convaincu que ce papier circulerait extrêmement facilement, que nous n'hésitons pas à penser, à affirmer même que l'on serait forcé d'en accroître encore l'émission, *puisque la Banque serait appelée à représenter par ses billets toutes les transactions mobilières et immobilières.*

Il est donc très-évident que l'extension de la Banque de France serait une opération facile, et, de plus, une excellente opération au point de vue de l'intérêt général. Notre conviction à cet égard est telle, que nous tenons à constater ici :

1° Que cette extension aurait été un immense bienfait en mars 1848, et que, si les hommes de Février l'avaient décrétée, ils auraient empêché la débâcle du crédit ;

2° Que la décréter aujourd'hui serait encore une bonne mesure, si l'on n'avait pas le courage de créer la Banque d'État.

L'extension de la Banque de France serait indubitablement le rétablissement instantané du crédit, l'affermissement de la paix, la reprise subite de toutes les transactions. Il y a un an, cette réforme du crédit par la Banque de France aurait pu être considérée comme audacieuse, comme la limite extrême du possible. Il n'en est plus de même aujourd'hui. La Banque de France, ayant suspendu le remboursement à vue de ses billets, s'est chargée elle-même de démontrer que, pourvu que les billets soient échangeables à vue contre tous produits, l'échange contre le numéraire est inutile.

Or, tout détenteur de produits acceptant en payement le billet de banque, il en est bien réellement résulté l'échange à vue contre les produits. Donc, il ne faut plus de numéraire métallique en réserve pour un échange des billets contre espèce, qui n'est pas nécessaire.

D'un autre côté, nous avons déjà démontré que la Banque de France, qui ne prêtait, avant Février, que sur la moins bien garantie de toutes les valeurs, la lettre de change, n'éprouvait de pertes que pour un chiffre si insignifiant, si imperceptible, qu'à peine était-il appréciable. Nous en concluons que, si elle ne prêtait que sur lettres de change ABSOLUMENT GARANTIES (conformément à ce que nous prouverons dans notre exposé de la réforme commerciale) ou sur tout autre gage solide, cette imperceptible chance de perte n'existerait même plus. Donc, le numéraire métallique deviendrait aussi inutile comme réserve destinée à couvrir des chances de perte impossibles que comme encaisse destiné au remboursement à vue des billets.

De cette inutilité du numéraire métallique dans la Banque, résulte pour nous LA LÉGITIMITÉ DE LA BANQUE D'ÉTAT.

LE CRÉDIT DOIT ÊTRE DONNÉ PAR L'ÉTAT. — BANQUE D'ÉTAT.

De l'inutilité du numéraire métallique dans une banque, résulte pour nous, avons-nous dit, la possibilité, la convenance, la nécessité de la Banque d'État.

Si une banque ne pouvait fonctionner et offrir des garanties qu'à la condition d'un encaisse du quart ou du sixième de l'émission de ses billets, il deviendrait impossible de constituer une Banque d'État dans la situation actuelle, car l'État ne pourrait emprunter la masse énorme d'écus nécessaire pour constituer la réserve, ou encaisse, d'un vaste système de crédit. La nécessité d'un encaisse considérable implique donc forcément l'exercice du crédit par les particuliers.

Tout se réduit donc à examiner et à résoudre cette question :

Une banque peut-elle fonctionner sans encaisse, ou du moins sans encaisse considérable?

NON, SI ELLE COURT DES CHANCES DE PERTE.

OUI, SI ELLE NE COURT AUCUNE CHANCE DE PERTE.

Et elle n'en courra aucune si l'on ne met jamais

un billet en circulation sans qu'il soit le signe représentatif authentique et réel d'une valeur donnée en gage, supérieure au chiffre des billets émis.

L'encaisse de la Banque de France est censé avoir deux motifs :

1° L'échange à vue des billets en circulation contre le numéraire métallique;

2° La garantie offerte aux porteurs de billets contre les pertes que la Banque pourrait subir.

Depuis Février, il n'est plus question d'échange à vue; ce motif a donc disparu. Reste la nécessité de l'encaisse pour couvrir les chances de pertes.

Or, les chances de pertes n'existent pas plus que la nécessité de l'échange à vue.

En effet, la Banque de France est fondée depuis plus de quarante ans. Pendant ces quarante années, la Banque n'a jamais éprouvé la moindre perte appréciable; elle a, au contraire, distribué, chaque année, à ses actionnaires, de larges bénéfices : bénéfices si réguliers, si assurés, si certains, qu'avant Février les actions de la Banque étaient cotées à plus du quadruple de leur valeur d'émission. Cette hausse prodigieuse est toute naturelle, puisque les bénéfices d'une seule année auraient suffi à couvrir la totalité des pertes que la Banque aurait pu faire depuis son origine jusqu'en Février.

Les pertes qu'elle a subies en Février sont elles-mêmes une démonstration nouvelle de ce que nous soutenons, *l'inutilité de l'encaisse*. Les pertes de la

Banque de France, après Février, par suite de la débâcle de la lettre de change, s'élèveront en somme tout au plus à 5 ou 6 millions de francs, après liquidation définitive. Or, quand on songe que la Banque de France ne prêtait que sur lettre de change (gage si imparfaitement garanti), et que, malgré l'insuffisance de ce gage, ses pertes se borneront, en définitive, à une somme que couvrirait le simple abandon du bénéfice d'un semestre, on en peut tirer cette conséquence décisive, c'est que, même en 1848, la Banque de France donnera des bénéfices à ses actionnaires.

Donc elle n'a rien perdu, même dans une année de Révolution.

Donc il n'est pas nécessaire d'avoir une réserve destinée à couvrir des pertes qui n'ont jamais existé, et qui ne peuvent pas exister; donc l'encaisse est radicalement inutile; et à plus forte raison le serait-il si la Banque ne prêtait que sur lettres de change absolument garanties, ou sur tout autre gage non moins solide.

Il est donc parfaitement ridicule pour la Banque d'avoir un encaisse de 100 millions qui prélève annuellement sur la circulation 15 millions pour couvrir quoi? une perte annuelle de 100,000 fr. peut-être! Ce fait ridicule a des conséquences graves; il établit un privilége onéreux en faveur de quelques personnes, et, de plus, il détourne inutilement, pour les enfouir dans des caves, des capitaux précieux qui enrichiraient l'agriculture et l'industrie manufacturière s'ils étaient rendus à la circulation.

Ce droit féodal des propriétaires de l'encaisse de la Banque de France, de prélever sur la circulation une rançon annuelle et inutile de 15 à 18 p. 0/0, a passé presque inaperçu jusqu'à ce jour, grâce aux préjugés soigneusement entretenus par les intéressés, et grâce à l'importance secondaire de la Banque elle-même. Mais il n'en serait plus ainsi si la Banque de France acquérait l'extension que nous venons de signaler. Le privilège féodal de l'encaisse, qui lui permet de prélever inutilement de 15 à 18 p. 0/0, deviendrait une question d'État.

Car voici ce qui se passerait :

La Banque aurait à payer, d'un côté l'intérêt du milliard d'encaisse à 5 p. 0/0, soit 50 millions. Elle recevrait, d'un autre côté, l'intérêt de ses six milliards de billets en circulation à 3 p. 0/0, soit 180 millions. Supposons que les frais d'administration s'élevassent à 10 millions : il resterait donc 120 millions de bénéfices nets à distribuer aux propriétaires de l'encaisse.

Cent vingt millions acquis sans risques, sans utilité, c'est-à-dire un placement assuré à perpétuité à 17 p. 0/0!

Ce revenu fixe de 17 p. 0/0 serait plus extravagant encore si la Banque profitait de la modification apportée dans les esprits, et si, au lieu d'un encaisse d'un milliard, l'encaisse se bornait à 500 millions;

ce revenu s'élèverait alors à 34 p. 0/0, toujours parfaitement garantis et toujours sans aucune utilité.

Ces chiffres sont monstrueux; ils sont la meilleure preuve que l'État seul doit gérer la Banque et distribuer le crédit. Ils constitueraient l'usure la plus effrénée et la moins motivée, car les usuriers ont au moins pour excuse les risques qu'ils courent. Mais la Banque n'a pas la même excuse; elle ne risque rien, absolument rien, et pourtant elle prélève 15 p. 0/0 au moins, tandis que la loi fixe le taux légal à 6 p. 0/0. L'usure est donc manifeste.

Mais, dira-t-on, l'État n'offre pas des garanties suffisantes; sa garantie est inférieure à celle des particuliers; car, ayant la toute-puissance, il créerait arbitrairement du papier-monnaie ou billet de banque, il recommencerait les assignats.

C'est là une profonde et funeste erreur qui provient de ce que l'on confond l'État avec le gouvernement. Il ne faut pas que le crédit soit entre les mains du gouvernement, car les gouvernements changent; et, d'ailleurs, ils peuvent se livrer aux expédients. Il faut que le gouvernement emprunte de la même manière et aux mêmes conditions que les simples particuliers, c'est à dire qu'il fournisse un gage, car la Banque ne bat monnaie qu'avec des gages.

IL FAUT DONC QUE LA BANQUE SOIT UNE INSTITUTION EN DEHORS DU GOUVERNEMENT, ET HORS DE SON ATTEINTE.

Une administration indépendante doit exister sous

la surveillance directe de l'Assemblée nationale, mais *l'intervention directe du gouvernement dans la Banque doit être complètement interdite.*

C'est à ces conditions que la Banque d'État offrirait toute garantie.

Nous avons déjà dit que la Banque n'était, en définitive, qu'un mont-de-piété général dont les récépissés seraient les billets de banque. On pourrait aussi la considérer comme un immense office de notariat, constatant le dépôt d'un gage authentique, et dont le certificat serait le billet de banque. Or, qui a jamais mis en doute la certitude des récépissés du mont-de-piété? qui a jamais soupçonné les certificats notariés?

N'est-il pas évident qu'une administration suprême de l'État offrirait plus de garanties morales que tous les monts-de-piété, que tous les notaires?

L'État, c'est tout le monde, hommes et choses. Quand l'État garantit une valeur ou une opération, c'est la France entière, hommes et choses, qui la garantit. La garantie de l'État est donc la plus sûre de toutes les garanties, aussi bien au point de vue moral qu'au point de vue matériel.

La Banque d'État ne pourrait subir des pertes que si les gages fournis étaient insuffisants; or, ces gages, meubles ou immeubles, n'ayant été admis qu'après l'expertise la plus sévère, la perte, s'il y en avait une, ne pourrait être que très-minime; et, fût-elle même considérable, l'État aurait pour la couvrir :

1° Ses recettes de l'intérêt des billets de banque, qui s'élèveraient au moins à deux cents millions;

2° Le revenu annuel de la France entière, c'est-à-dire plus de dix milliards.

Tout cela est si élémentaire, qu'il ne peut y avoir un seul doute sur la solidité et la convenance de la Banque d'État. Il faut être aveugle ou avoir un intérêt personnel engagé, pour nier l'excellence d'une pareille institution.

De tout ce que nous venons de dire, et que nous croyons avoir surabondamment prouvé, il résulte que *l'État peut réaliser l'Institution du crédit*, et qu'IL FAUT FONDER LA BANQUE D'ÉTAT.

RÉALISATION DE LA BANQUE D'ÉTAT.

Étant admis qu'une Banque n'est pas autre chose qu'un hôtel des monnaies où l'on bat monnaie avec un gage, il est évident que, si ce gage est bon, le signe représentatif de ce gage, ou le billet de banque, sera également bon.

Si le gage est solide, et qu'il soit d'une valeur supérieure au papier émis, il est clair que ce papier ne pourra subir aucune chance de perte;

Étant admis que si, par impossible, il survenait des pertes, ces pertes seraient couvertes par les revenus annuels ou intérêts prélevés par la Banque;

Étant admis, en outre, que, si la Banque était entre les mains de l'État, l'impôt serait appelé à combler le déficit dans le cas où les revenus annuels n'auraient pas suffi à couvrir les pertes, il est clair que la Banque d'État pourrait entrer en fonctions sans numéraire, sans réserve, et qu'elle n'en donnerait pas moins une certitude absolue à la solidité et à la réalité du signe d'échange, ou billet de banque.

Supposons donc la Banque d'État décrétée et en pleine fonction, et citons quelques exemples des résultats qui pourraient en être obtenus.

1° Un producteur d'étoffes reçoit une commande de 1,000 mètres d'étoffe de telle ou telle qualité, indiquée dans la commande, au prix de 5 francs le mètre.

Il apporte les 1,000 mètres d'étoffe commandés à l'Entrepôt annexé au Comptoir de banque. Le jury d'expertise constate que la marchandise livrée est bien conforme à la commande; il en donne une déclaration, et expédie ce produit pour le compte du producteur à celui qui a fait la commande.

Ledit producteur porte au Comptoir de banque sa commande écrite et le certificat qui constate qu'il l'a remplie convenablement.

Il est évident que cette commande et cette livraison constituent une valeur réelle de 5,000 francs, constatée par deux signatures, celle du vendeur et celle de l'acheteur, et par la présence réelle du produit lui-même dans l'Entrepôt annexé au Comptoir de la Banque.

La Banque, sur cette triple garantie, émet une somme de 5,000 francs, qu'elle donne immédiatement au producteur moyennant l'intérêt de 3 p. 0/0 l'an.

Alors l'Entrepôt fait expédition du produit déposé, à l'Entrepôt de la ville où se trouve l'acheteur : ce dernier vient reconnaître la marchandise; il la paye à l'Entrepôt, et la retire. Ce payement est porté au compte du producteur, qui cesse de payer l'intérêt dès le moment où le payement est opéré par l'acquéreur (1).

2° Un producteur a produit 1,000 mètres d'une étoffe se vendant habituellement 5 francs le mètre, mais dont il n'a pas encore trouvé le placement; ayant besoin de fonds pour continuer sa fabrication, il apporte son produit à l'Entrepôt.

Le jury d'expertise constate que ce produit se vend habituellement 5 francs le mètre, qu'il est de bonne qualité; il reconnaît que jamais un pareil produit n'a été vendu moins de 4 francs le mètre : il donne donc un certificat au producteur, portant déclaration que la Banque peut prêter en toute sécurité, pour six mois, 3 francs par mètre.

Le producteur porte cette déclaration à la Banque,

(1) On nous fera sans doute observer que, l'acquéreur étant obligé de payer comptant, il n'y aurait pas crédit. C'est vrai; mais c'est précisément ce que nous voulons; il ne doit plus y avoir de crédit; il ne doit plus y avoir de vente à terme; toute vente doit se faire au comptant; il est de toute justice que le vendeur, cédant une valeur, en reçoive une autre en échange.

Mais si l'on considère qu'il est facile à tout homme d'emprunter à la Banque sur toute espèce de valeur, meuble ou immeuble, on conçoit que cette facilité permet l'acquisition au comptant. On s'en rendra mieux compte encore lorsque nous aurons décrit la fonction commerciale qui met directement en rapport, sans intermédiaires, le producteur et le consommateur. Nous tenons à constater dès maintenant que nous ne voulons plus de vente à terme. Nous démontrerons plus tard que la vente au comptant serait plus favorable à la circulation que la vente à terme.

qui lui avance 3,000 francs pour six mois, moyennant un intérêt de 3 p. 0/0 l'an.

Toutefois, si le produit est vendu avant l'échéance, le producteur rembourse les 3,000 francs sans attendre cette échéance (1).

Si, à l'échéance, le produit n'est pas vendu, la Banque pourra poursuivre son remboursement par toutes les voies de droit, ou renouveler l'avance; seulement elle sera tenue, dans ce dernier cas, de prendre, de nouveau, l'avis du jury d'expertise.

Ces deux modes de prêter au meuble ou produit considéré comme gage, *amèneraient la suppression de la lettre de change.*

3° Le propriétaire d'une terre ou d'une maison donnant un revenu de 3,000 francs, et représentant par conséquent un capital de 100,000 francs à 3 p. 0/0, veut contracter un emprunt?

Il apporte à la Banque ses titres de propriété.

Le jury d'expertise vérifie si l'immeuble vaut bien 100,000 fr., s'il rend réellement 3,000 fr. de rente, et s'il est grevé d'hypothèques privilégiées ou autres. S'il n'y a point d'hypothèques, la Banque, sur l'avis du jury d'expertise, peut prêter au propriétaire 80,000 francs, à 3 p. 0/0 l'an, pendant un temps quelconque, mais qui ne doit jamais dépasser dix ans. Si, au contraire, il y a des hypothèques, la Banque

(1) Le mode de vente par le moyen des Entrepôts constituant notre projet de réforme commerciale, nous donnerons plus loin de plus complets détails.

ne prête que la différence qui existe entre la somme hypothéquée et le chiffre déterminé par le jury d'expertise (1).

Ces exemples suffisent pour faire connaître et apprécier le mécanisme de la Banque d'État.

Si nous avons réussi à démontrer, d'une part, qu'il est urgent de rendre le crédit accessible à tous, et de soustraire les campagnes à l'usure qui les dé-

(1) Quelques personnes nous ont dit que ce système de banque appliqué à l'immeuble rencontrerait comme obstacle la législation actuelle sur les hypothèques. Cette législation, nous dit-on, est un monument magnifique ; il est le fruit de tout le passé de l'humanité propriétaire ; jamais les législateurs ne consentiront à détruire un aussi beau travail.

Nous avons pour la législation tout le respect auquel elle a droit ; mais il nous semble que les lois ne sont pas la cause, mais bien la régularisation d'un fait ; elles établissent l'ordre dans un milieu créé et préexistant. Si donc la constitution antérieure de la propriété a créé un milieu d'où est résultée la législation hypothécaire, il est de toute évidence que, si de nouvelles institutions créaient un nouveau milieu, les lois devraient s'y conformer, et auraient pour mission de régulariser ce milieu. Le crédit ne doit point se mouler sur la loi, mais bien la loi sur le milieu donné par le nouveau crédit. En conséquence, si les lois sur l'hypothèque sont inconciliables avec le vrai crédit, *on les modifiera.*

Nous croyons d'ailleurs que le dommage ne sera pas considérable : la loi hypothécaire peut être un chef-d'œuvre de législation, mais ce chef-d'œuvre entoure la propriété d'un tel labyrinthe, qu'il en résulte ce fait non moins odieux que ridicule, à savoir; que le propriétaire d'un immeuble offrant au prêteur un gage parfaitement suffisant, ne peut emprunter qu'à des conditions usuraires, de 6 à 20 0/0, tandis que le possesseur de meuble, qui n'offre aucune garantie, emprunte à 3 0/0. Ce fait seul condamne la loi hypothécaire.

vore; et, de l'autre, qu'on ne doit pas recourir à de nouveaux impôts pour créer un vaste système de crédit;

Enfin, si nous avons prouvé que la Banque d'État peut seule être le centre de ce système nouveau, nous nous croyons autorisé à dire que le gouvernement DOIT DÉCRÉTER LA BANQUE D'ÉTAT sur les bases et aux conditions que nous avons données.

A nos yeux le succès de la Banque d'État serait *certain et instantané*.

Nous en sommes tellement convaincu, que nous croyons que la Banque d'État ne devrait point être privilégiée: c'est-à-dire qu'on ne devrait point porter la main sur la Banque de France; il faudrait laisser celle-ci fonctionner dans sa constitution actuelle, afin que, si par hasard la Banque d'État venait à ne pas jouir de la confiance publique, on n'eût pas désorganisé l'ancien crédit sans l'avoir préalablement remplacé par une Institution meilleure.

Nous voudrions établir la concurrence entre les deux systèmes, de telle sorte que le plus avantageux, attirant la confiance générale, fît tomber l'autre en désuétude par la simple démonstration de son infériorité. La Banque d'État ne devrait absorber la Banque de France que lorsque cette dernière elle-même demanderait l'absorption, *sinon* NON.

C'est ainsi que, suivant l'engagement que nous en avions pris, nous avons pu démontrer qu'il était possible de réformer radicalement le crédit sans attaquer ni les droits de la propriété, ni ceux du capital, sans même avoir à s'en occuper.

Nous pouvons donc maintenir notre formule :

Le capital n'a droit à un prélèvement que lorsqu'il intervient utilement ; il n'a droit à aucun prélèvement dans toute fonction où il intervient sans utilité.

C'est ainsi que, sans rien détruire, sans rien abolir, sans rien liquider, sans luttes et sans déchirements, on pourrait progressivement substituer l'Institution nouvelle à l'ancienne organisation, aux applaudissements unanimes.

C'est ce mode à la fois prudent et régulier que nous essaierons d'appliquer à la réforme de la fonction commerciale.

DEUXIÈME PARTIE.

DEUXIÈME PARTIE.

RÉFORME DU COMMERCE.

Ce n'est pas sans une émotion profonde que nous publions notre projet de réforme commerciale; nous en comprenons toute la portée, nous en avons prévu toutes les conséquences. Nous nous sommes demandé si nous restions bien dans notre programme, c'est-à-dire si nous ne cherchions pas à établir le bien-être d'une classe du peuple aux dépens d'une autre classe. Nous nous sommes demandé si, étant nous-même industriel, nous n'obéissions pas, à notre insu, à des sentiments injustes d'hostilité contre le commerce?

Après le plus mûr examen, après les méditations les plus consciencieuses, nous disons : *Non! nous ne sacrifions pas la classe des commerçants; non, nous n'obéissons pas à des sentiments personnels.* La réforme que nous proposons peut être aussi utile aux commerçants eux-mêmes qu'au peuple tout entier.

De deux choses l'une : ou nos projets de réforme seront puissants, efficaces, ou ils n'aboutiront pas.

Dans le premier cas, ils donneront une diminution immense du prix des produits; ils rendront la faillite impossible, ils empêcheront les accaparements, les hausses de prix factices; ils mettront un terme à la fraude, à la falsification. S'il en était ainsi, il est évident que la consommation, surexcitée par tant d'avantages, acquerrait un essor immense, et exigerait un développement parallèle de la production; il faudrait donc augmenter le personnel producteur. Cette augmentation serait fournie par les commerçants, qui reporteraient leurs efforts, aujourd'hui parasites et souvent nuisibles, sur l'œuvre utile de la production. D'un autre côté, les capitaux, aujourd'hui engagés dans le commerce et la banque, devenant libres par le fait des réformes de crédit et de commerce, serviraient à fonder des entreprises nouvelles : *colonisations*, *canaux*, *chemins de fer*, etc. Or, ces créations nouvelles exigeraient le concours de nouvelles intelligences. Les commerçants actuels pourraient seuls être appelés à fournir ce contingent administratif; et d'ailleurs, un grand nombre d'entre eux seraient indubitablement employés dans les nouveaux systèmes de banque et de commerce. Il est évident pour nous que, loin d'y perdre, ils gagneraient à ce changement.

Dans le second cas, c'est-à-dire si nos projets venaient à échouer, nous n'aurions rien à nous reprocher, car nous demandons hautement qu'on ne réalise aucune réforme de commerce qui puisse atteindre l'organisation actuelle autrement que par voie de concurrence libre, par démonstration pratique et expérimentale.

C'est donc en toute conviction, en toute sécurité de conscience, que nous proposons nos réformes; elles seront utiles à tous et ne sacrifieront personne.

Nous entrons donc en matière.

DE L'ANCIEN SYSTÈME DE COMMERCE.

Le commerce est la fonction de relation intermédiaire entre la production et la consommation. Le commerce s'est chargé de recevoir les produits des mains du producteur, et de les faire arriver entre les mains du consommateur. Il est donc évident que le commerce devraît avoir pour but de faciliter et d'augmenter la production et la consommation, dans l'intérêt du producteur et du consommateur.

La fonction commerciale, en apparence secondaire, et soumise aux intérêts supérieurs de la production et de la consommation, a pourtant fini par jouer le rôle le plus important, en asservissant à son profit ces deux termes du mécanisme social. Nous voyons aujourd'hui les intérêts commerciaux dominer la situation politique et sociale, et tenir dans l'ombre les intérêts des producteurs et des consommateurs.

Il existe un ministère du Commerce, il n'y a point de ministère de l'Industrie. Il existe des Chambres de Commerce, il n'y a point de Chambre de l'Industrie. Législateurs et gouvernants ne se préoccupent que des intérêts commerciaux, et nullement des intérêts de la production et de la consommation.

Ce développement hypertrophique d'un organe

social secondaire, aux dépens des organes vitaux, menace le corps social tout entier. Il faut mettre un terme à cette excroissance parasite, sinon le corps social tout entier périra.

Cette usurpation du commerce a son origine dans les temps les plus reculés, mais ses vices économiques ne se sont produits dans toute leur désastreuse évidence que de nos jours. Du moment qu'un certain nombre d'hommes adroits ou heureux purent s'imposer comme intermédiaires entre le producteur et le consommateur; du moment que par leurs bénéfices ils purent amasser un capital, ils achetèrent pour leur propre compte les produits, et se substituèrent ainsi au consommateur. Ce jour-là, la porte fut ouverte à tous les abus.

Mais, de même que la présence du ver rongeur au sein d'un arbre n'est souvent révélée que par une exubérance anormale de fleurs et de fruits, de même les abus du commerce ne s'étaient manifestés jusqu'à ce jour que par le développement du corps commercial et une richesse plus apparente que réelle. Aujourd'hui cette richesse succombe; le mal ne peut plus se dissimuler; il faut sauver l'arbre social, ou bien il va périr.

Le ver rongeur de la société c'est l'appropriation du produit par l'intermédiaire.

Le commerçant devenant propriétaire des produits trouve, dans le principe même de la propriété, le droit de disposer des produits suivant son bon plaisir. Il a le droit d'user et d'abuser de sa chose, et ce droit lui permet, en toute sécurité de conscience, de manipuler, de falsifier les produits, sans pour cela croire forfaire à la loyauté. N'est-il pas propriétaire, c'est-à-dire libre d'user et d'abuser?

Au début, cette appropriation des produits par les marchands fut obligée, et même elle fut favorable à la production. Il est clair que, pour surveiller et défendre les produits (à une époque où cette surveillance et cette défense offraient de grands dangers), il fallait que le marchand les considérât comme sa chose propre.

En effet, le commerce ne put exercer sa prépondérance qu'au milieu de risques nombreux : risques de mer avant la découverte de la boussole et à l'époque de l'enfance de la navigation; risques de terre, lorsque la plupart des contrées étaient en proie au vol et au brigandage; risques dans les transactions par l'absence de législations protectrices. Tout était danger pour le commerçant; tout concourait donc à donner une apparence de légitimité aux bénéfices qu'il prélevait.

Tant que ces dangers existèrent, la profession commerciale, qui était la source de revenus considérables pour les gouvernements, brilla d'un vif éclat. De grands commerçants sont devenus célèbres, tels que les Marco-Paolo de Venise, les Jacques-Cœur de France, les Médicis de Florence. Tous les gouvernements entourèrent cette fonction de leur sollicitude, car le Commerce devenait la source de leur puissance : les Flandres, Venise, la Hollande, l'Angleterre ont tour à tour tenu le sceptre du monde par la fonction commerciale.

Toute l'histoire économique de la société consiste dans l'histoire du Commerce, qui passait pour le créateur des richesses, bien qu'en réalité il n'en fût que le répartiteur.

L'invention de la boussole et le perfectionnement de la navigation lui donnèrent une extension illimitée. Plus tard, la répression des brigandages enleva tous les dangers. Plus tard encore, une législation régulière et sévère, gardienne des droits des commerçants, s'établit dans presque tous les pays.

C'est alors que le Commerce s'organisa en corporations, en jurandes; cette organisation donna aux commerçants une haute importance politique et sociale.

Le nombre des commerçants étant limité, tout commerçant étant membre d'une corporation, il en résulta un esprit de corps et une surveillance mutuelle très-active qui maintinrent la loyauté et la bonne foi dans les transactions commerciales.

Ce fut alors l'apogée du Commerce.

Mais bientôt la prétendue science dite économie politique substitua à cette organisation la liberté absolue. Les corporations furent détruites, et toutes les professions livrées au laissez-faire, au laissez-passer.

Mais ce qui devait être, suivant les économistes, le triomphe du Commerce, fut sa ruine.

Les corporations et les jurandes n'existant plus, l'esprit de corps et la surveillance mutuelle disparurent et entraînèrent avec eux la probité et l'honneur. La fonction commerciale, étant ouverte à tous sans conditions, attira peu à peu un nombre de plus en plus considérable d'individus. Ce nombre, croissant sans cesse, fut bientôt hors de proportion avec les besoins, et donna naissance à la concurrence anarchique entre les marchands. Cette concurrence engendra les haines, les luttes, les spéculations hasardées, les accaparements. Tous les moyens de s'enrichir furent mis en pratique.

Mais bientôt, faute de produits ou de consommations suffisants pour utiliser réellement tous ces commerçants, ils trouvèrent dans la fraude et le mensonge les moyens de continuer leur existence, c'est-à-dire leurs bénéfices.

Les falsifications, les accaparements, les spéculations remplacèrent le commerce véridique, basé sur l'existence réelle des produits et sur les besoins. La production et la consommation, surchargées de frais par suite du grand nombre des commerçants, se virent de plus en plus sacrifiées. Enfin la fonction commerciale devint presque complètement parasite.

Appuyée sur le capital, et sachant habilement profiter de l'isolement des producteurs et des consommateurs, elle les entoura d'un vaste réseau et les exploita les uns et les autres à son profit.

Les commerçants s'organisèrent en séries de spéculateurs, marchands en gros, demi-gros et détail, et chacun d'eux, devenant à son tour propriétaire des produits, put les accaparer et les falsifier, hausser ou baisser les prix selon son bon plaisir. Il en résulta que les produits, ayant à supporter les faux frais, les appointements, les spéculations, les falsifications, les bénéfices, les faillites, etc., d'une multitude d'intermédiaires, n'arrivèrent entre les mains des consommateurs qu'à des prix excessifs et dans des conditions telles, que la consommation en fut paralysée, ou au moins considérablement diminuée.

Tel fut, et tel est encore aujourd'hui l'état des choses. Pour contrebalancer la surcharge que les frais exorbitants du commerce faisaient peser sur les produits, les producteurs durent s'ingénier pour baisser de plus en plus leur prix de vente. Cette baisse de prix ne put s'obtenir que par la ruine du fabricant, par la fraude, ou enfin par l'avilissement des salaires.

Ces moyens ont été employés; ils sont devenus insuffisants. Les salaires sont au-dessous du nécessaire; la ruine et la fraude ont dépassé toutes limites. Les producteurs ne produisent plus, les consommateurs ne consomment plus.

Or les transactions manquant, les commerçants, qui deviennent de plus en plus nombreux, *se dévorent entre eux après avoir dévoré le corps social;* tant et si bien, qu'aujourd'hui producteurs, consommateurs, commerçants, succombant dans une ruine commune, ont amené la société à d'effroyables convulsions.

Une réforme de la fonction commerciale est donc inévitable, sollicitée qu'elle est par les producteurs, par les consommateurs et par les commerçants eux-mêmes.

Gouvernants, producteurs et consommateurs sont las de l'insuffisance et de la faiblesse du commerce, dont les crises périodiques jettent le désordre et la ruine dans la société. L'urgence d'une réforme est évidente; il faut que le pays succombe, ou que cette réforme s'opère.

L'ORDRE TEL QU'ON L'ENTEND VULGAIREMENT EST IMPUISSANT A RÉTABLIR LE COMMERCE.

L'agriculture et la manufacture n'écoulent plus leurs produits qu'à des prix avilis. La plaie de l'usure étend chaque jour ses ravages sur l'agriculture. La ruine, la faillite, les salaires insuffisants épuisent la manufacture. Les magasins sont encombrés de produits (1).

D'où proviennent ces souffrances? Est-ce que le consommateur manque? est-ce qu'il ne mange plus? est-ce qu'il ne boit plus? est-ce qu'il ne s'habille plus?

Hélas! il y a trente millions de Français qui ont faim et soif, qui ont besoin de vêtements; mais ils

(1) Il est vrai que quelques industries ne sont pas, dans ce moment, dans l'état de souffrance que nous indiquons; ainsi les fabriques d'étoffes de coton, de laine et même de soie ont une activité assez remarquable, mais l'exception ne confirme-t-elle pas la règle? Quant à la fabrication des étoffes de soie, l'activité qui règne aujourd'hui est un escompte de l'avenir : on fabrique parce que la soie s'est vendue à vil prix, parce qu'au moment de la Révolution de Février la fabrication souffrait déjà depuis plusieurs années; mais les besoins vont être satisfaits, la soie va reprendre son prix normal, et il est à craindre qu'une crise longue et terrible vienne faire expier la prospérité momentanée dont on se montre si fier.

ne consomment pas parce que le commerce, qui est seul aujourd'hui chargé de mettre en rapport le producteur et le consommateur, n'accomplit pas sa fonction.

La chute du crédit, le manque de confiance, empêchent toutes les transactions. Il faut, si l'on veut éviter la ruine de la France, rétablir au plus tôt la circulation.

C'est en vain que l'on se berce de l'espoir que l'ordre rétablira le commerce; l'ordre matériel le plus parfait fût-il réalisé aujourd'hui, cela ne suffirait pas pour rétablir la confiance et ramener la prospérité commerciale. Il faut chercher ailleurs.

La déroute du commerce n'est point un fait accidentel et imprévu; elle n'a point été amenée, ainsi qu'on cherche à le faire croire, par la Révolution de Février; cette Révolution ne se fût pas accomplie, que la déroute ne se fût pas moins produite; les causes du mal remontent bien plus haut.

L'origine de ce qui se passe aujourd'hui se trouve dans la Révolution de 89.

A cette époque, les commerçants étaient organisés en jurandes et en corporations; leur nombre était donc limité, et, autant que possible, proportionnel à la population. On peut reconnaître maintenant qu'il eût mieux valu alors réformer ces institutions, les perfectionner, que de passer subitement du privilège à l'anarchie.

L'ancien système, limitant le nombre des marchands, empêchait la concurrence entre eux. La certitude qu'ils avaient tous d'arriver à l'aisance avec le temps, avec de l'ordre et de l'économie, éloignait de leurs esprits cette fièvre dévorante des spéculations hasardées qui a tout envahi aujourd'hui. Une plus grande sécurité régnait dans les transactions, on n'était pas sans cesse sur le seuil de la faillite et de la ruine, il n'était donc pas besoin de gagner autant, ni aussi rapidement.

Cette certitude d'arriver avec le temps, par le travail, maintenait la bonne foi et la probité dans le commerce; d'ailleurs un esprit de corps énergique et une surveillance réciproque de tous les membres de la corporation prévenaient les fraudes, la fourberie. En cas de condamnation pour quelque méfait commercial, la honte qui atteignait un commerçant rejaillissait sur tous les siens.

Mais lorsque la Révolution de 89, dans un moment de réaction exagérée en faveur de la liberté, eut détruit les jurandes et les corporations; quand elle eut permis à chacun d'exercer toute profession, sans aucune garantie en faveur du corps social, alors la porte fut ouverte à tous les abus du système actuel du commerce (1).

(1) Nous n'avons point ici l'intention de plaider contre la liberté en faveur du privilège, nous croyons seulement qu'il eût été possible d'amender les corporations, et que c'est un malheur qu'on n'ait exigé aucune garantie de la fonction commerciale.

De toutes les professions, la profession commerciale est celle qui exige le moins d'études préalables, celle qui est le plus facile à pratiquer, et qui donne les moyens les plus nombreux de s'enrichir facilement. Il est résulté de là qu'un nombre immense d'individus se sont jetés dans cette carrière. Où suffisait un marchand, il y en a dix aujourd'hui; le désordre est arrivé à ce point, que l'on dit vulgairement qu'il y a plus de marchands que d'acheteurs.

Au début le mal fut peu sensible; l'essor donné à la production par la division de la propriété, par le développement de l'industrie, permit aux nouveaux venus de s'installer à côté des anciens, et, pendant longtemps, anciens et nouveaux purent faire des bénéfices.

Mais l'équilibre fut bientôt atteint, dépassé même.

Les agents commerciaux pullulèrent, et la consommation devint insuffisante pour utiliser tant de fonctionnaires intermédiaires.

Alors commença la guerre! Il fallut combattre pour s'arracher les acheteurs; toutes armes furent réputées bonnes. Luxe exagéré des boutiques, dont une seule eût pu faire la richesse de vingt familles; écrasement du faible par le fort; spéculations hasardées, accaparements, fraudes et falsifications audacieuses, jeux de bourse, etc., etc., tels furent les moyens mis en pratique pour arriver à la fortune.

Bientôt ces moyens eux-mêmes ne suffirent plus; et, comme nous l'avons déjà dit, les commerçants, après avoir dévoré le corps social, finirent par se dévorer entre eux.

On le voit donc, la Révolution de Février est complètement innocente de la débâcle du Commerce. *La vraie cause de cette débâcle est dans le laissez-faire, le laissez-passer des Économistes.*

IL Y A TROP DE COMMERÇANTS : TOUT EST LA. Ce trop grand nombre a amené la ruine, la faillite et la perte de la confiance. Et ces résultats funestes ont amené la chute du crédit.

Or, nous avons démontré, d'une part, que l'ancien système de crédit, basé sur la confiance, ne pouvait se rétablir; de l'autre, que, sans crédit, le commerce actuel ne pouvait reprendre son essor; donc :

LA CHUTE DU COMMERCE ACTUEL EST IRRÉVOCABLE.

D'ailleurs cette chute était depuis longtemps prévue. La nécessité d'une réforme est tellement dans les besoins, qu'en attendant qu'elle se fasse régulièrement et scientifiquement, l'instinct a mis sur la voie. La réforme du commerce en gros s'opère par la création de maisons de commission ou de consignation, et par les représentants à poste fixe. Dans ce nouveau mode de relations intermédiaires entre le producteur et le consommateur, l'ancien commerçant, c'est-à-dire l'intermédiaire, achetant les produits pour son propre compte, à ses risques et périls, et en *devenant propriétaire*, est complètement sacrifié. Le producteur tend ainsi à se mettre en rapport direct avec le consommateur; il demeure propriétaire de ses produits, il ne subit aucune spéculation du commerçant.

La réforme du commerce de détail est plus active encore; elle est opérée par les bazars.

De riches capitalistes, reconnaissant que les frais généraux ne croissent pas en proportion directe de la vente, ont établi des magasins immenses dans lesquels se vendent tous les produits.

Ces bazars s'établissent dans chaque rue, et un seul d'entre eux vend plus que cinquante des anciennes boutiques.

Que peut faire à cette situation ce qu'on appelle l'ORDRE, si ce n'est de l'aggraver encore? L'élan est donné, rien ne peut l'arrêter; l'ordre ne fera que lui imprimer une impulsion plus grande. Loin de rétablir le Commerce sur ses anciennes bases, l'ordre ne fera qu'en hâter la ruine.

Il est évident que le maintien de l'ancien état de choses a amené ou va amener la ruine de quarante-neuf commerçants sur cinquante, et que ces quarante-neuf ruinés retomberont dans le prolétariat.

LA RUINE ET LA MISÈRE, voilà ce que procurera aux commerçants le rétablissement de l'ordre si l'on maintient l'ancien système commercial.

Ils ont à choisir entre une réforme qui les sauve, en sauvant la société tout entière, et le maintien du passé, qui les conduit à la ruine la plus complète et la plus certaine.

Notre demande de réforme est donc motivée, *même dans l'intérêt des commerçants.*

Non-seulement elle est motivée, mais encore elle est légitime ; car le Commerce est sorti de ses attributions ; il a asservi les deux termes du mouvement social.

Par ses capitaux, il exploite et rançonne la production, puisqu'*il tend incessamment à acheter à vil prix les denrées du producteur.*

Il exploite aussi la consommation par ses spéculations, ses accaparements, ses falsifications, puisque *son* BUT UNIQUE *est de vendre cher ce qu'il a acheté bon marché.*

Le Commerce ne fonctionne plus dans l'intérêt de la production et de la consommation ; loin de là, la production et la consommation semblent n'exister que pour l'intérêt du Commerce.

Il y a donc usurpation flagrante.

Il est inutile de nous étendre davantage sur les extorsions et les abus de la fonction commerciale ; ajoutons seulement qu'il n'y a pas un homme en France qui ne soit victime du Commerce, au moins une fois par jour, soit comme acheteur, soit comme vendeur ; enfin que jamais il n'y eut de réforme plus LÉGITIME.

Il nous reste à voir maintenant si le projet de réforme que nous proposons est praticable, s'il est permis d'en attendre tous les résultats que nous avons annoncés. C'est ce que nous allons essayer de démontrer.

LES ENTREPÔTS ET COMPTOIRS NATIONAUX RENFERMAIENT LE GERME DE LA RÉFORME COMMERCIALE.

La première préoccupation des hommes qui arrivèrent au Pouvoir après Février, fut de conjurer la crise commerciale devenue inévitable. Ils cherchèrent à maintenir le Commerce, à lui venir en aide, à le relever ; mais aucun d'eux ne pensa à une réforme de l'organisation commerciale elle-même.

C'est ainsi que l'institution des entrepôts et comptoirs nationaux qui, avec quelques développements, eût pu devenir une réforme véritable, profonde, n'a produit qu'un avortement.

La nécessité d'une réforme du crédit était déjà alors populaire ; les avis étaient unanimes sur cette nécessité, il n'y avait d'hésitation, de divergence d'opinion que sur les moyens à employer.

Mais la nécessité d'une réforme du Commerce n'était pas aussi généralement admise ; d'ailleurs, la puissance féodale de la fonction commerciale aveuglait et frappait les esprits d'une certaine terreur, peu de personnes osaient regarder de sang-froid ce colosse aux pieds d'argile.

Sans doute les gouvernants d'alors connaissaient les abus criants engendrés par la fonction commerciale, mais ils ne savaient par quel bout commencer les réformes : le Commerce est comme la torpille, il frappe de paralysie ceux qui portent la main sur lui.

Nos gouvernants, ignorant qu'il était facile de réaliser la réforme la plus complète du Commerce, sans déranger rien de ce qui existe, sans toucher à l'arche du Commerce, sans qu'il en pût résulter le moindre désordre dans la circulation, prirent le parti de ne rien faire. Bref, que ce soit par timidité, que ce soit par ignorance, les hommes de Février n'ont pas su tirer parti de l'institution des entrepôts et comptoirs nationaux. Ils ont manqué une magnifique occasion de se couvrir de gloire en enrichissant le pays; ils avaient sous la main la réforme du Commerce, ils n'ont pas su le voir. Ils ont fait comme Moïse : ils sont venus jusqu'à la porte de la terre promise, mais ils n'ont pu y entrer.

Examinons ce qu'ont été les entrepôts et comptoirs nationaux, et ce qu'ils auraient pu être si on les eût institués dans un but de réforme commerciale.

Une crise terrible avait arrêté toutes les transactions. Attribuant ce désastre à un effet momentané de la Révolution de Février, nos gouvernants crurent qu'elle ne se prolongerait pas, et qu'après un mois ou deux d'attente, les affaires reprendraient leur cours habituel. Ils crurent qu'il ne s'agissait que d'aider les commerçants à passer ce temps difficile.

On chercha, dans ce but, une combinaison qui permît de leur faire des avances avec toute garantie et toute sécurité. Cette garantie devait être la consignation réelle des produits déposés en gage; on fit une sorte de mont-de-piété à l'usage des détenteurs de produits.

On ouvrit des entrepôts, et on invita les détenteurs de produits qui avaient besoin de secours, à venir déposer leurs marchandises dans ces entrepôts.

Un jury d'expertise devait constater la valeur intrinsèque des produits déposés; et, sur l'avis de ce jury, le comptoir national était censé pouvoir faire une avance de fonds remboursable à une échéance déterminée.

Sans doute, si les affaires n'avaient éprouvé qu'un embarras de peu de durée, cette modeste institution eût pu être utile. Mais dans l'état des choses, si les détenteurs de produits les avaient apportés à l'Entrepôt national afin de recevoir une avance du comptoir national, remboursable quelques mois après, voici ce qui serait arrivé : un détenteur de produits n'aurait opéré le dépôt de ses marchandises que parce qu'il y aurait été forcé par une impérieuse nécessité; car le fait de ce dépôt aurait été, à lui seul, un aveu de profonde détresse, ç'aurait été l'aveu d'un grand besoin de fonds.

Or, qui ne sait que l'aveu d'un besoin de fonds de la part d'un commerçant est le signal de sa ruine. Ce n'est donc que poussé par la plus impérieuse nécessité qu'un commerçant aurait pu se décider à consigner ses produits !

Nécessité n'a pas de loi; et les détenteurs de produits obérés se fussent servis des Entrepôts nationaux, malgré les dangers qui devaient en résulter pour eux, s'ils avaient pu en recevoir un secours qui leur eût permis d'attendre des temps meilleurs.

Mais ce secours, il était impossible qu'on le leur donnât.

En effet, la presque totalité des déposants étaient des commerçants ou des industriels réduits à la dernière détresse. Pour que le Comptoir national pût leur faire des avances sur les produits par eux déposés, il aurait fallu que ces produits eussent eu une valeur certaine et suffisante pour couvrir les avances du Comptoir national, qui ne pouvait compter sur la solvabilité du dépositaire. Les produits n'ont de valeur qu'à la condition qu'il se présente des consommateurs pour les acheter; et tout le monde sait qu'alors il n'y avait ni acheteurs ni consommateurs. Les déposants étant dans l'impossibilité de rembourser les avances du Comptoir aux échéances fixées, celui-ci aurait vendu les produits aux enchères publiques. Or tout le monde sait aussi que, même dans des temps ordinaires, les ventes aux enchères avilissent considérablement les produits. Dans les circonstances où on se trouvait, c'eût été un véritable désastre : la vente publique n'eût pas donné de quoi rembourser les avances et payer les frais de justice. Aussi, dans la crainte de n'être pas couvert, le Comptoir refusa de prêter; il ne fit d'avances que sur quelques produits exceptionnels et privilégiés.

Finalement, loin de secourir les commerçants, les Entrepôts et Comptoirs nationaux ne leur offrirent que la ruine, qu'une aggravation de leur situation. Cela fut vite compris; personne n'eut recours à eux, et l'institution avorta complètement.

Et pourtant, sans s'en douter, les créateurs des Entrepôts et des Comptoirs nationaux avaient presque mis la main sur le vrai mode de réforme commerciale. Avec un peu de réflexion, ils eussent pu résoudre le problème qui, dans ce moment, ébranle la société, et qui pourra bien la renverser si l'on ne trouve pas la solution convenable.

Il fallait ANNEXER A CHACUN DE CES ENTREPÔTS ET COMPTOIRS NATIONAUX, UNE SALLE D'EXPOSITION OU BAZAR CONSTAMMENT OUVERT AU PUBLIC, OU ON AURAIT OPÉRÉ, AU COMPTANT, LA VENTE DES PRODUITS DÉPOSÉS; ET METTRE EN RAPPORT ENTRE EUX LES DIVERS ENTREPÔTS DE FRANCE, EN LEUR PERMETTANT L'ÉCHANGE RÉCIPROQUE DES PRODUITS DÉPOSÉS.

Par ce simple, par ce très-simple fait, on aurait transformé une création informe et sans avenir en une Institution féconde, puissante, dont les conséquences étonnent la pensée. En un mot il fallait établir ces Entrepôts et Comptoirs nationaux dans toutes les villes, et les transformer en maisons de consignation, sous la surveillance générale de tous les citoyens.

Dans ces maisons de consignation, ouvertes à tous les producteurs, les produits auraient été vendus pour le compte des déposants, aux conditions stipulées par eux-mêmes, et moyennant une faible commission. De sorte que tout producteur aurait pu expédier ses produits, même des points les plus éloignés, et être assuré de n'être jamais trompé, jamais volé, et de les vendre, pour ainsi dire, *directement* au consommateur.

Pour cela il ne s'agissait que d'utiliser les Entrepôts déjà créés dans la plupart des villes manufacturières; ils avaient un personnel tout prêt à fonctionner : il suffisait d'ouvrir les salles d'exposition et de vente, et de mettre en correspondance entre eux, comme nous venons de le dire, les divers Entrepôts de France.

Cette idée de transformer le commerce en une espèce de magistrature assurant à tous l'égalité et la justice, cette idée si féconde, si puissante, ainsi que nous le verrons tout à l'heure, est tellement simple, que nous nous demandons comment il se fait qu'on ait attendu jusqu'à ce jour pour la mettre en pratique.

Mais il en est toujours ainsi; les mécanismes simples et parfaits sont toujours précédés par les mécanismes compliqués et imparfaits.

Voyons maintenant quelles doivent être les conditions de cette grande et utile Institution.

ORGANISATION DES COMPTOIRS COMMUNAUX.

Lorsqu'on a promulgué l'impuissant décret qui constituait les Entrepôts et les Comptoirs nationaux, il eût été facile, ainsi qu'on vient de le voir, de leur donner la vie et la puissance.

Supposons, en effet, qu'on eût promulgué le décret suivant :

FONDATION DES AGENCES COMMUNALES.

Chapitre premier.

Art. 1er. Dans toutes les villes *de l'intérieur et de l'extérieur*, il sera créé une Agence communale.

Cette création n'aura lieu que sur ordonnance du gouvernement.

Art. 2. Cette Agence communale se subdivisera en :

Entrepôt;

Comptoir;

Magasin ou Bazar.

Art. 3. Toutes les fois que cela sera nécessaire, eu égard à la localité ou à la population, les Agences communales seront établies par catégories, telles que : Agences des soieries, Agences des vins, des grains, des épiceries, des huiles, des lainages, des cotonnades, etc., etc.

CHAPITRE II. — *De l'Entrepôt.*

Art. 4. L'Entrepôt a pour but de recevoir toutes les marchandises qui y seront déposées (sauf le cas de danger ou de conservation impossible) aux conditions suivantes :

Chaque colis, paquet, fût, ou pièce d'étoffe portera une étiquette et sera accompagné d'une déclaration signée par le déposant, portant l'une et l'autre :

1° Le nom du fabricant ou déposant;

2° Le nom de la ville où se fera la consignation;

3° La désignation ou la qualité de la marchandise;

4° Le poids ou la mesure;

5° Le prix auquel le déposant veut vendre.

Art. 5. Au moment où le déposant fera le dépôt, il déclarera si les produits déposés sont ou non déjà vendus.

S'ils sont déjà vendus, il devra fournir la preuve de la vente en soumettant la commande au jury d'expertise.

Art. 6. Le gérant de l'Entrepôt, assisté d'un jury d'expertise spécial pour chaque nature de marchandise, s'assurera que le produit consigné est bien conforme à la déclaration; et, en cas de déclaration par le déposant qu'il y a eu vente, il s'assurera si le produit est bien conforme à la commande.

Art. 7. Il constatera le tout dans un procès-verbal signé par lui et par les experts, lequel sera tiré en nombre égal au nombre des colis. Ce procès-verbal devra rapporter dans le plus grand détail la déclaration du déposant.

Si le produit déposé est déjà vendu, le déposant aura à fournir la preuve authentique du prix de vente; ce prix devra être mentionné au procès-verbal.

Dans le cas, au contraire, où le produit ne serait pas vendu, les experts, après avoir consigné sur le procès-verbal le prix marqué par le déposant, estimeront la valeur intrinsèque du produit, et ils insèreront dans ce procès-verbal le chiffre de leur estimation.

Une copie du procès-verbal, signée par les experts, sera remise au déposant.

Art. 8. Suivant que le déposant l'aura ordonné, le gérant de l'Entrepôt sera chargé, soit de déposer la marchandise au bazar de l'Entrepôt où aura été faite la consignation, soit de l'expédier aux Agences communales correspondantes. En cas d'expédition, chaque colis devra être accompagné d'une copie du procès-verbal d'expertise.

Art. 9. Dans le cas où le déposant le demanderait, le gérant de l'Entrepôt prélèvera des échantillons des produits déposés, lesquels seront expédiés aux Agences communales correspondantes. A chaque échantillon sera jointe une copie du procès-verbal d'expertise.

Chapitre III. — *Du Comptoir*.

Art. 10. Le gérant du Comptoir donnera à tout déposant, en échange du procès-verbal portant l'estimation du jury d'expertise, *un Récépissé* dans lequel se trouvera la déclaration que le déposant aura faite en déposant la marchandise, ainsi que le montant estimé par les experts; ce récépissé sera signé par le directeur en chef, et portera le nom des experts, conformément au modèle ci-joint (*voir à la page suivante*) :

(**N° 1506.**)

Paris, le 15 Septembre 1848. **MONTANT DE L'EXPERTISE** **1,000 francs.**

Le sieur PAUL, *fabricant de Châles, rue Saint-Pierre, a consigné ce jour* VINGT-CINQ CHALES *en laine et soie, marqués en total QUINZE CENTS FRANCS. Les experts les admettent pour le chiffre de* **MILLE FRANCS.**

Signé les Experts des Châles,

JACOB.
LÉON.
JOSEPH.

AGENCE
DES CHALES
DE PARIS.
—
(**1506.**)

Signé le Directeur de l'Agence communale,

ROBERT.

Art. 11. Le présent Récépissé sera transmissible par voie d'endossement pour la valeur du montant de l'estimation du jury d'expertise.

Art. 12. Lorsque la marchandise, sur le dépôt de laquelle il aura été délivré un Récépissé, aura été vendue et le montant encaissé, le gérant du Comptoir n'opèrera le remboursement au déposant qu'après la réintégration du Récépissé.

Art. 13. Toutefois, dans le cas où le Récépissé ne pourrait être immédiatement réintégré, le gérant du Comptoir ne paiera au déposant que la différence entre le prix de vente de la marchandise consignée et le chiffre d'estimation fixé par le jury d'expertise.

Dans ce cas, la somme retenue, c'est-à-dire le montant du Récépissé, sera payée au porteur dudit Récépissé lorsqu'il se présentera.

Art. 14. En cas de non-réintégration du Récépissé par le déposant, le gérant du Comptoir donnera la plus grande publicité, soit par voie d'affiches, soit par voie de journaux, aux numéros des Récépissés qui pourront être présentés au remboursement.

Art. 15. Le gérant du Comptoir ouvrira un compte particulier à chaque déposant, à l'avoir duquel seront portés :

1° Le montant des marchandises déposées conformément à l'estimation des experts ;

2° Les sommes reçues lors de la vente des produits consignés.

Le débit se composera :

1° Des frais réels que nécessiteront la conservation et l'entretien des marchandises consignées;

2° De la remise du Récépissé, suivant le montant du jury d'expertise;

3° Des sommes qui auront été payées, soit au déposant lui-même, soit au porteur du Récépissé.

Art. 16. Le gérant encaissera les sommes provenant des ventes faites pour le compte des déposants.

Art. 17. Chaque Comptoir aura pour fonction d'entrer en correspondance avec toutes les autres Agences communales; il leur indiquera régulièrement, par circulaires, la nature et la quantité des marchandises existantes dans l'Entrepôt, et celles dont le besoin s'y fait sentir.

Art. 18. Il règlera les comptes ouverts avec toutes les autres Agences correspondantes.

Art. 19. Le gérant du Comptoir donnera la plus grande publicité, par voie d'affiches et de journaux, à toutes les opérations de l'agence communale et à tous les renseignements qui pourront être utiles à la circulation des produits et à la fabrication, ainsi qu'aux besoins et aux existences des marchandises dans les Agences communales, afin que le producteur soit mis en mesure d'équilibrer sa production sur la consommation et sur les besoins.

Chapitre IV. — *Du Magasin ou Bazar.*

Art. 20. Le Magasin ou Bazar sera constamment

ouvert au public. Il y aura exposition permanente des marchandises en nature ou en échantillons, avec affiches contenant les procès-verbaux d'expertise.

Art. 21. Le gérant du Bazar et les employés sous ses ordres, auront soin de disposer ces marchandises ou échantillons de la manière la plus convenable pour que le public puisse facilement en voir et en apprécier la qualité. Cette exposition sera faite sans aucune partialité.

Art. 22. Les marchandises seront toujours vendues *sous corde*. On ne pourra détailler les fûts, colis ou paquets. Tout acheteur, en prenant livraison, sera tenu de déclarer et signer sur un registre, qu'il a pris connaissance du procès-verbal d'expertise.

Art. 23. Le gérant et ses employés seront chargés de l'entretien et du soin des produits déposés; les frais qui en résulteront seront au compte des déposants.

Art. 24. Toutes les ventes, sans exception, seront opérées au comptant.

Art. 25. Toutes les ventes seront opérées au prix marqué par le déposant, en y ajoutant :

1° Les frais de transport;

2° Les frais de commission.

Ces frais de commission seront destinés :

1° A couvrir les frais des Agences communales;

2° A procurer à l'État une recette ou impôt sur les produits à leur entrée dans la consommation.

Le chiffre de la commission devra donc être fixé par le Gouvernement.

Art. 26. Le chiffre de la commission variera suivant la nature des produits : produits bruts, matière première, produits manufacturés, produits de luxe, produits de première nécessité.

Art. 27. Le taux de la commission pour un même produit devra être le même dans toutes les Agences communales.

Art. 28. Le taux des commissions à percevoir par les Agences sera fixé et publié tous les ans.

EXEMPLES TIRÉS DE L'APPLICATION DES AGENCES COMMUNALES.

Pour démontrer le mécanisme des Agences communales, nous supposerons promulgué le décret de constitution de ces Agences, composées d'un Entrepôt, d'un Comptoir et d'un Bazar. Nous supposerons aussi que les principales villes manufacturières de France ont établi, dans leur sein, cette espèce de magistrature commerciale; et que ces vastes maisons de consignation, établies sous la sauvegarde de l'honneur et sous la surveillance de tous les intéressés, producteurs et consommateurs, se sont mises en relation entre elles, et ont consenti l'échange réciproque de leurs produits. Nous supposerons encore que cette Institution ne s'est point bornée à l'intérieur de la France, mais que, par l'entremise des consuls français et sous leur surveillance directe, des Agences semblables ont été établies dans toutes les villes importantes de l'étranger où nous avons des relations commerciales.

Cela étant, comment fonctionnera ce nouveau mécanisme. Prenons nos exemples dans différentes catégories :

1° Un produit manufacturé expédié sur commande;

2° Un produit naturel expédié sur commande;

3° Un produit manufacturé cherchant un acheteur;

4° Un produit naturel cherchant un acheteur.

Avant de décrire l'action des Agences communales dans le cas où un produit manufacturé serait demandé à un manufacturier et expédié par ce dernier au demandeur, il convient d'examiner en quelques mots comment les choses se passent aujourd'hui.

Le sieur B, acheteur de draps à Marseille, écrit au sieur A, fabricant de draps à Louviers, et le prie de lui expédier 10 pièces de draps conformes à un échantillon contenu dans la lettre qui fait la commande, au prix de 20 fr. le mètre, prix que nous supposons parfaitement en rapport avec la qualité demandée.

A, fabricant de draps, qui a besoin de vendre, s'empresse d'envoyer la marchandise demandée au prix fixé par l'acheteur. B accepte le produit à son arrivée à Marseille, il fait son règlement, lequel est bien payé à l'échéance d'usage dans le commerce des draps.

Lorsque les choses se passent régulièrement et loyalement, c'est ainsi que s'opère l'expédition sur commande; et, de toutes les chances du commerce, c'est évidemment la plus favorable au producteur, car il a vendu sans faux frais.

Malheureusement, les choses ne se passent pas toujours ainsi; voici ce qui arrive trop souvent :

Si B, acheteur, est riche, et que A, fabricant, ne soit pas un gros capitaliste, B, en donnant sa commande à A, ajoute qu'*il payera comptant*, et il lui offre alors, sous ce prétexte, un prix qui ne laisse à A aucun bénéfice, mais que celui-ci accepte néanmoins *parce qu'il a besoin d'argent*. Il arrive souvent aussi que, lorsque le drap arrive à Marseille, l'acheteur prétend qu'il n'est pas conforme à l'échantillon, que la qualité est inférieure; ou bien encore qu'il avait donné l'ordre que la marchandise arrivât dans le délai d'un mois; que ce délai étant expiré depuis dix jours, le vaisseau qui devait emporter le drap à l'étranger, est parti; que la vente étant manquée, il ne peut plus se charger de ce drap. Bref, sous un prétexte ou sous un autre (et les producteurs savent par expérience que les prétextes ne manquent jamais), B laisse le drap pour compte au fabricant.

Toutefois, par esprit d'accommodement, B propose de prendre livraison moyennant un rabais considérable : à cette nouvelle, A, qui ne gagnait presque rien au prix de la commande, et qui est certain d'avoir expédié de bons produits, ne veut consentir à aucun rabais; il s'entête, et préfère poursuivre l'affaire devant le tribunal de commerce.

Si le procès se juge à Louviers, il suivra l'affaire lui-même, il se défendra devant les juges, et il pourra arriver qu'il en soit quitte pour les frais du procès, qui souvent dépassent de beaucoup le rabais demandé. Mais si le procès se juge à Marseille,

A ne peut plus se faire entendre lui-même; il faut qu'il charge un homme de loi de sa défense; qu'il paye la plaidoirie, moyennant quoi il est à peu près assuré d'être condamné aux dépens et à reprendre sa marchandise; ou bien à payer les frais des deux parties et à consentir au rabais qu'il avait refusé en premier lieu.

Nous n'avons pas besoin de demander aux producteurs s'ils nous comprennent. Nous sommes certain d'avoir mis le doigt sur une plaie toujours saignante.

Cette chance, si souvent multipliée du laissé pour compte, n'est pas encore la plus mauvaise. Il arrive souvent encore que B reçoit le drap avec empressement : il le trouve très-beau, très-bien fabriqué; bref, il est si enchanté d'être en relation avec un fabricant aussi distingué que A, qu'il lui donne une nouvelle commande, en lui envoyant le règlement de la première à six mois. Puis, A se laisse prendre à ces compliments; il expédie encore : à l'échéance, l'acheteur B lui écrit que, vu le malheur du temps, vu la difficulté, pour les honnêtes gens, de faire leurs affaires, il est obligé de suspendre ses payements; il engage A, dans son propre intérêt, à retirer ses traites de la circulation, car s'il les laissait courir, il en serait pour ses frais.

En outre, B demande à A de consentir à un arrangement, et lui annonce qu'il se prive de tout, qu'il abandonne tout à ses créanciers; bref, il lui propose de lui payer vingt pour cent de sa créance en quatre ans sans intérêts, juste l'intérêt du capital; mais il éprouve le besoin de dire à A qu'en lui proposant cet arrangement, il n'agit que dans l'intérêt de ses créanciers; qu'il faut qu'il l'accepte, car s'il ne l'acceptait pas, IL PERDRAIT TOUT.

Voilà les chances les plus ordinaires auxquelles sont soumis les producteurs qui reçoivent une commande; nous ne parlons pas de mille autres déboires. Tout homme qui a tâté des relations commerciales sait à quoi s'en tenir à cet égard.

Examinons maintenant ce qui se passerait dans les mêmes circonstances par l'entremise des Agences communales.

A, fabricant de draps à Louviers, reçoit de B, acheteur de Marseille, une commande de dix pièces de drap conforme à un échantillon contenu dans la lettre qui donne la commande (1).

Le prix de ce drap est de 20 francs le mètre; chaque pièce doit être de cinquante mètres; cela constitue donc une commande de 10,000 fr. (2).

A, acceptant la commande, apporte les dix pièces de drap à l'Entrepôt de l'Agence de Louviers. Chaque pièce porte une étiquette sur laquelle il a mis son

(1) Au lieu de mettre l'échantillon du drap commandé dans une lettre, B le remettrait à l'Agence de Marseille, qui l'adresserait directement à l'Agence de Louviers.

(2) On peut se convaincre avec un peu d'attention, que ce qui se passe dans l'Agence pour une commande de 10,000 fr., se passerait de la même manière pour une commande de 500 fr. et au-dessous.

nom, le nom de la ville de Louviers, la désignation de la qualité, la couleur du drap, l'aunage et la largeur de chaque pièce, enfin le prix de vente. Il apporte en même temps la commande écrite de B, de Marseille, et l'échantillon expédié par celui-ci.

Les experts des draps examinent si la qualité et l'aunage de chaque pièce sont bien conformes à l'étiquette. Ils examinent, en outre, si les dix pièces sont bien conformes à la commande donnée par le sieur B, de Marseille,

Si les dix pièces, ou seulement une partie des dix pièces, ne sont pas conformes à la commande, les experts refusent de recevoir. Si, au contraire, les pièces sont bien conformes, les experts les reçoivent, et ils dressent un procès-verbal, lequel contient le détail de la commande et de la livraison, plus le prix de chaque pièce et le montant total de la livraison, suivant les prix convenus.

Une copie de ce procès-verbal est remise au gérant de l'Entrepôt; une autre est donnée à A, le fabricant; une troisième est expédiée à B, l'acheteur. Puis le gérant de l'Entrepôt fait envoi des dix pièces à l'Agence de Marseille, laquelle est débitée du montant des dix pièces.

Lorsque les pièces sont arrivées à Marseille, B vient les reconnaître; si elles sont conformes à son ordre, il les retire en en payant la valeur COMPTANT.

Si, au contraire, il ne les trouve pas conformes à la demande, il formule sa réclamation, sa plainte. Les experts de draps à Marseille ont à apprécier, séance tenante, la justice de cette réclamation, et, s'il y a lieu, ils concluent à un rabais, et en fixent le chiffre.

Après cette décision, B opère le payement à l'Agence de Marseille, qui couvre immédiatement l'Agence de Louviers.

On le voit, par ce mode il n'y a ni laissé pour compte, ni faillite à craindre (1). A et B obtiennent toute espèce de sécurité, l'un pour sa vente, l'autre pour son achat.

Indiquons maintenant les avantages financiers qui résultent pour le fabricant A de l'institution des Agences commerciales.

Après avoir reçu la copie du procès-verbal signée par les experts, A la porte au Comptoir de l'Agence, qui lui en donne un Récépissé semblable au modèle que nous avons indiqué dans les statuts, avec cette seule différence qu'au lieu de porter le chiffre d'estimation des experts, il porte le chiffre de la commande, le montant de la facture, la valeur totale et réelle du produit.

(1) Le commerce actuel admet la vente à terme dans la plupart de ses transactions; on considèrera donc comme un obstacle la vente systématiquement au comptant. Nous engageons le lecteur à attendre la fin de notre travail, avant de se prononcer; nous nous expliquerons longuement et catégoriquement sur ce sujet. Nous tenons à constater toutefois que le service simultané de la Banque d'État et de l'Agence communale, rendant toutes les valeurs propres à la circulation, il devient facile de concevoir la vente au comptant généralisée.

Sur la présentation de ce Récépissé à la Banque d'État, A obtient du numéraire jusqu'à concurrence du montant de ce Récépissé (moyennant l'intérêt de 3 p. 100), soit 10,000 fr., montant de la facture; et avec ce numéraire, il peut continuer de fabriquer, sans être obligé d'avoir recours aux spéculateurs, aux marchands de capital.

Il est donc évident que LA GÉNÉRALISATION DE CES RÉCÉPISSÉS AMÈNE LA SUPPRESSION DE LA LETTRE DE CHANGE DANS SA FORME ACTUELLE.

Ce Récépissé garanti par le fabricant A et par l'acheteur B devient une lettre de change à deux signatures, celle de A et celle de B; mais, de plus, le gage de cette lettre de change étant déposé à l'Entrepôt, il en résulte que le Récépissé est trois fois garanti : par A, par B et par le produit.

Il va sans dire que la Banque, devenant porteur de ce Récépissé, se substitue aux lieu et place du fabricant A (1).

Un Produit naturel expédié sur commande.

Nous pouvons maintenant examiner, en peu de mots, ce qui se passerait pour un produit agricole, le vin par exemple.

(1) Les avantages financiers qu'obtient A par les Agences communales, en cas de commande préalable, seront bien plus remarquables, ainsi qu'on le verra plus loin, lorsque A, n'ayant point de commande, cherchera un acheteur.

C, producteur de vin à Saint-Émilion, près Bordeaux, reçoit une commande de N, acheteur à New-York, de 20 fûts de vin de Saint-Émilion de 1846, au prix de 150 fr. la barrique (1).

Ce sera donc une commande de 3,000 fr. C possède ce vin dans ses caves, et il en opère la livraison à l'Agence des vins de Saint-Émilion. Chaque fût porte le nom du producteur C, le nom du crû, l'âge du vin, le contenu de la barrique. C apporte en outre la commande de N, de New-York.

Les experts de vins examinent si les 20 barriques sont bien conformes à la déclaration et à la commande; ils en dressent procès-verbal, de la manière que nous avons indiquée plus haut. Le gérant de l'Entrepôt fait envoi des 20 barriques à l'Agence des vins de New-York, en faisant suivre les instructions. L'Agence de New-York opère la livraison définitive à N contre payement au comptant, et couvre immédiatement l'Agence de Saint-Émilion. Tout le monde conçoit que ce mode d'expédition et de livraison offre toute espèce de garantie au vendeur et à l'acheteur.

Le vendeur C est assuré que ses vins seront payés, puisqu'il a à New-York un représentant fidèle, l'Agence de New-York, qui n'opère la livraison que contre payement au comptant; il n'y a donc aucune chance de perte pour le vendeur. D'un autre côté, ce qui est plus important encore, l'acheteur N est

(1) Ce qui se passe pour deux barriques pourrait se passer de la même manière pour une seule.

assuré de recevoir réellement le vin qu'il a commandé, car il a sur les lieux un agent fidèle et désintéressé, l'Agence des vins de Saint-Émilion, qui est chargée de n'accepter le vin que s'il est conforme à la commande.

Ce double avantage serait suffisant pour motiver la création des Agences communales. Mais il en existe un autre pour le producteur de vin, C. S'il était obligé d'attendre, pour être payé, que son vin fût arrivé à New-York, qu'il fût accepté, et que l'Agence de New-York eût couvert l'Agence de Saint-Émilion, trois ou quatre mois, et souvent plus, pourraient se passer. Et si, pendant ce temps, il arrivait qu'il eût besoin d'argent, peut-être se trouverait-il forcé de vendre sa créance au rabais à un marchand de capital. La Banque d'État met le producteur à l'abri de cette éventualité. Le Comptoir de l'Agence ayant donné à C un Récépissé (toujours conforme à notre modèle) portant le montant de la commande faite par N, sur le dépôt de cette pièce, la Banque d'État, moyennant un intérêt de 3 pour cent l'an, avancerait à C les 3,000 fr., montant de la vente. C échapperait ainsi à l'usurier.

Un Produit manufacturé cherchant un acheteur.

Examinons d'abord la situation que, dans ce cas, le commerce actuel fait au producteur.

Un fabricant a en magasin des produits dont il

veut opérer la vente. De deux choses l'une : ou le fabricant est un riche capitaliste, ayant un fonds de roulement considérable, ou bien (ce qui est le cas le plus ordinaire), son fonds de roulement est faible, tout son avoir consiste en sa manufacture. Dans le premier cas, ayant des capitaux suffisants, il n'est point soumis aux exigences des commerçants, marchands de capital ; il peut attendre le moment favorable de la vente, et, au lieu de subir la loi de la fonction commerciale, c'est lui qui l'impose.

En effet, au lieu d'avoir recours au commerçant spéculateur, il a un représentant à Paris, le grand centre des affaires. Ce représentant se met personnellement en rapport avec les acheteurs; il leur vend directement les produits, aux prix et aux conditions que le fabricant a lui-même fixés. Non-seulement ce fabricant a un représentant à poste fixe, mais encore il a des représentants ambulants ou commis voyageurs, qui le mettent directement en rapport avec les consommateurs de la province.

Les frais de ce mode de représentation sont si coûteux (1), il est si difficile d'avoir un représentant réunissant toutes les conditions nécessaires de probité, d'intelligence et d'activité ; la recherche des consommateurs est tellement hérissée de difficultés ; les ventes opérées par les représentants sont tellement

(1) Nous connaissons telle fabrique d'étoffes de soie dont la représentation, en France seulement, coûte plus de 30,000 fr. par an.

entourées de risques de faillite, de procès, que, malgré l'avantage considérable qui résulte pour le fabricant d'être affranchi de l'exploitation des intermédiaires, il arrive souvent que des fabricants préfèrent subir le joug commercial.

Il est vrai qu'au lieu d'avoir des représentants, un fabricant peut expédier ses produits à des maisons de consignation, à des commissionnaires.

Si les consignataires et commissionnaires se contentaient de leur commission, s'ils agissaient réellement dans l'intérêt du fabricant, moyennant cette commission, le fabricant obtiendrait de grands avantages et une grande économie : car les maisons de consignation et de commission ne sont pas autre chose qu'une espèce d'association entre plusieurs fabricants qui, ne pouvant payer chacun un ou plusieurs représentants, s'unissent pour en avoir un qui sert à plusieurs. Malheureusement l'expérience n'a que trop appris aux producteurs ce qu'ils peuvent attendre de ces intermédiaires. Il serait trop long de rapporter ici les faits. Nous avons peut-être trop nui déjà aux Agences communales en disant qu'elles étaient la généralisation et le développement du système de consignation usité dans le commerce. La consignation actuelle a tant fait souffrir les producteurs que ce nom seul épouvante (1).

(1) Il va sans dire que nous n'incriminons pas toutes les maisons de commission et de consignation, nul ne sait mieux que nous qu'il y en a qui exercent loyalement et honorablement.

Il résulte de ce qui précède qu'un grand nombre de fabricants, placés entre les frais énormes d'une représentation directe, et les inconvénients du mode intermédiaire des maisons de consignation ou de commission, finissent par se livrer aux spéculateurs commerçants, quoique leurs capitaux pussent leur permettre de faire autrement. Mais, d'un autre côté, il arrive fréquemment que des fabricants sont entraînés, bon gré mal gré, à se servir de la représentation directe, même avec des capitaux insuffisants, même avec un chiffre d'affaires très-restreint : c'est lorsqu'il s'agit de l'établissement d'un nouveau fabricant, ou bien lorsqu'il s'agit d'un produit difficile à placer.

S'agit-il d'un fabricant qui commence, qui a besoin de toutes ses ressources? il faut qu'il cède ses produits à plus bas prix que ne le font les anciens fabricants, alors même que sa fabrication serait supérieure, sinon il ne vendra pas. Il se trouvera donc dans la nécessité ou de se ruiner par des rabais considérables, ou de chercher à se mettre directement en rapport avec les acheteurs. Il arrive même souvent que, malgré les baisses de prix, malgré une

la fonction intermédiaire. Nous n'attaquons pas les hommes, mais l'organisation qui donne malheureusement trop souvent les funestes résultats que nous signalons. Il nous importe qu'on sache bien que nous ne considérons pas les hommes comme coupables. Ils ne sont pas responsables d'une mauvaise organisation sociale plus forte qu'eux.

fabrication supérieure, ce fabricant est *exécuté* parce qu'il ne peut supporter les frais de représentation.

Si la vente par représentants a des avantages, elle a aussi des inconvénients qui se compliquent encore des chances que nous avons déjà signalées, lesquelles se présentent aussitôt qu'un fabricant a reçu une commande.

Mais si ce mode est toujours infiniment coûteux et insuffisant, l'autre mode l'est plus encore. Un fabricant n'ayant pas de représentants est complètement à la merci du commerçant spéculateur; il ne peut plus connaître l'état réel des besoins de la consommation. Si donc ce fabricant est pressé de vendre; s'il lui faut des capitaux pour continuer sa fabrication : il est forcé de sacrifier ses produits. Il est obligé de subir cette situation, car, fabriquât-il depuis vingt ans les produits les plus parfaits, si le commerçant ne les lui achète pas, il est dans l'impossibilité de les vendre, ne connaissant aucun acheteur.

Telles sont quelques-unes des tortures qui assiègent le producteur; il nous faudrait vingt volumes pour les retracer toutes. Que chaque producteur qui lira ceci fasse un examen de ses propres affaires, qu'il récapitule tout ce qu'il souffre journellement dans ses relations commerciales, et il complètera ce triste tableau. Nous n'ajouterons qu'une réflexion, c'est que souvent un fabricant, qui ne trouve à la fin de sa carrière que gêne ou pauvreté, aurait été riche sans les rabais injustes et les pertes par faillites qu'il a été obligé de subir.

Appliquons maintenant à cette déplorable situation l'Institution des Agences communales.

A, fabricant de draps à Louviers, possède 10 pièces de drap de 50 mètres chacune, qu'il voudrait vendre 20 fr. le mètre, *prix habituel de vente* pour la qualité de ces draps, soit en tout une partie de marchandises de 10,000 fr.

Il appose sur chaque pièce une étiquette portant son nom, son adresse, la qualité du drap, le lainage, la couleur, etc., l'aunage en longueur et en largeur, et le prix auquel il veut vendre : soit 20 francs le mètre. Cela fait, il apporte ces 10 pièces de drap à l'Agence communale de Louviers.

Les experts des draps examinent si chaque pièce est bien conforme à son étiquette; si elles ne le sont pas, ils les refusent; si elles le sont, ils les admettent, et dressent un procès-verbal de leur expertise. Sur ce procès-verbal parfaitement détaillé, ils signalent le prix indiqué par le fabricant, soit 1,000 fr. par pièce, et ils y ajoutent leur estimation de la valeur intrinsèque, soit, par supposition, 750 fr. pour chaque pièce.

Après l'admission de ces pièces de drap, le gérant de l'Entrepôt demande à A quelle destination il veut donner à ses draps? A, qui a eu soin, au moyen des journaux publiés pour les Agences communales, de se tenir au courant des besoins de drap, croit avoir certitude de vente dans certaines villes, et seulement espérance dans d'autres. En conséquence, il donne les ordres suivants : Trois pièces seront expédiées directement à Marseille, deux pièces à Bordeaux. Ces diverses pièces seront exposées dans les bazars de Marseille et de Bordeaux, avec affichage des procès-verbaux.

Or, comme A s'était assuré que Marseille et Bordeaux avaient besoin de drap, il est évident que si son drap est de bonne qualité, et si le prix est raisonnable, ce drap étant, dès son arrivée, exposé devant tous les consommateurs, il sera immédiatement vendu.

Quant aux autres pièces dont la vente n'est pas assurée, mais pour lesquelles n'il y a que présomption de vente, A prélève des échantillons; ces échantillons sont envoyés à cinq, dix, vingt, cent Agences communales, avec copie des procès-verbaux. Chacune de ces Agences expose les échantillons et les procès-verbaux, et si ces échantillons sont beaux, si les prix sont raisonnables, il est évident que sur cent Agences il se trouvera certainement des commandes pour les cinq pièces restantes.

On peut maintenant constater la différence qui existe entre ce mode nouveau et l'ancien mode de commerce.

Au lieu d'être inconnu du consommateur, A, nouveau fabricant de draps, et peut-être petit capitaliste, expédiant ses échantillons à cent Agences, à toutes les Agences de France et de l'étranger, se trouve mis directement, subitement, sans frais, en relation directe avec tous les consommateurs du monde ; il n'est plus obligé de dépenser des sommes énormes pour aller solliciter des acheteurs ; il n'est plus forcé de se livrer pieds et poings liés à un intermédiaire qui le tient éternellement en tutelle ; il n'a d'autre souci, d'autre préoccupation que de fabriquer de bons produits et à bon marché.

Ce mode de recherche des acheteurs par l'envoi d'échantillons accompagnés de procès-verbaux, s'applique également, et tout aussi avantageusement, aux produits de vente incertaine, tels qu'objets de luxe, bronzes, étoffes façonnées et de fantaisie, articles de Paris, etc.

Comment les choses se passent-elles aujourd'hui pour les fabricants de ces articles? Sauf de rares exceptions, un fabricant qui débute, quel que soit son talent, quelle que soit la beauté de ses produits, est exposé à une foule d'éventualités funestes ; heureux encore si, au moment où il commence à se faire une réputation, un concurrent déloyal ne lui vole pas son nom et ne vend pas sous ce nom, et au rabais, des produits de qualité inférieure ! Grâce aux Agences communales, grâce à leur journal qui annonce à tous les consommateurs l'arrivée des échantillons envoyés par les fabricants, grâce à l'exposition permanente desdits échantillons, le bon et beau produit arrivera immanquablement à la connaissance de ceux à qui il peut convenir, et des relations sûres s'établiront très-promptement et très-facilement entre les acheteurs de ce produit et celui qui l'aura fabriqué ; de sorte qu'un fabricant quelconque étant mis en rapport avec tous les consommateurs de ses produits, il sera souvent à même de recevoir de tous ces consommateurs des commandes pour toute une année, et de ne fabriquer que sur commande, c'est-à-dire à coup sûr. C'est le contre-pied du régime actuel, dans lequel un fabricant au génie inventif est forcé de courir toutes les chances de la loterie industrielle.

Nous avons clairement indiqué l'avantage considérable qui résulterait pour le producteur de l'institution des Agences communales, au point de vue de l'écoulement plus facile et moins onéreux des produits. Examinons maintenant les avantages financiers ; ils ne sont pas moins importants.

Nous avons dit que les experts de l'Agence de Louviers, ayant examiné les dix pièces de drap déposées par A, fabricant à Louviers, avaient dressé un procès-verbal détaillé mentionnant le prix fixé par A, le tout montant à 10,000 fr. ; mais qu'ayant tenu compte des éventualités les moins favorables, ils avaient reconnu que jamais de pareils draps n'étaient descendus au-dessous de 800 fr. la pièce ; que dès lors on pouvait *en toute sûreté* en fixer la valeur intrinsèque à 750 fr.

Muni d'une copie de ce procès-verbal, A se présente au Comptoir de l'Agence de Louviers et se fait délivrer un Récépissé dans la forme indiquée aux statuts. S'il a besoin d'argent, il porte son Récépissé à la Banque d'État, et reçoit, contre le dépôt de cette pièce et contre sa promesse de remboursement dans le délai de quatre mois, une somme de 7,500 fr. à 3 pour 100 l'an. C'est ainsi que, sans subir la loi de l'usurier spéculant sur un besoin d'argent, le fabricant A trouve le moyen de continuer sa fabrication et d'attendre le moment où son drap pourra être vendu.

A l'échéance des quatre mois, ou le produit sera vendu, ou il ne le sera pas.

S'il est vendu, comme l'Agence communale ne vend qu'au comptant, elle avertira le fabricant, et, à la décharge de celui-ci, elle versera à la Banque les 7,500 fr. avancés, et elle payera au fabricant le solde du montant de la vente, soit 2,500 fr.

Si le produit n'est pas vendu, il aura ou il n'aura pas conservé toute sa valeur. Si les dix pièces de drap ont conservé leur valeur première (ce qui devra être confirmé par l'avis des experts), la Banque renouvellera le prêt; alors le fabricant en sera quitte pour continuer de payer le modique intérêt de 3 pour 100 l'an.

Si, au contraire, le gage a subi une dépréciation; si, par exemple, au lieu de valoir intrinsèquement 7,500 francs, il ne vaut plus que 6,000 francs, la Banque exigera, dans ce cas, que le fabricant lui rembourse 1,500 francs, ou qu'il dépose de nouvelles pièces de drap, pour couvrir la dépréciation subie par le premier dépôt.

Il est de toute évidence qu'un fabricant pourra toujours couvrir la Banque d'État de cette différence, soit en numéraire, soit en augmentant son dépôt en marchandises. Quoi qu'il en soit, si, par impossible, le fabricant ne pouvait couvrir la Banque, elle poursuivrait le remboursement par toutes les voies de droit, elle ferait vendre aux enchères publiques.

Mais cette vente aux enchères n'aurait pas lieu comme aujourd'hui : au lieu de vendre le drap à l'endroit même où a été opéré le dépôt, l'Agence communale donnerait avis et enverrait des échantillons à toutes les autres Agences communales, de telle sorte que l'enchère aurait lieu sur les points les plus favorables de la consommation, et non sur ceux de la production, ce qui éviterait l'avilissement du prix.

Ceci est un des avantages des Agences communales sur les Entrepôts et Comptoirs nationaux.

Bien que nous soyons convaincu que le cas extrême que nous venons de citer doive se présenter rarement, nous avons cru utile de le signaler.

Ici se présente la plus grave objection qu'on puisse faire contre le prêt opéré sur produits non vendus.

Si le Comptoir communal recevait sans cesse des produits, et si la Banque faisait sans cesse des avances sur Récépissé de ces produits, il pourrait arriver que le fabricant ne s'inquiétât pas de la vente, qu'il exagérât sa fabrication, et qu'il encombrât les Entrepôts de produits non demandés. La Banque d'État, n'ayant pour gage que des marchandises sans valeur (puisque la consommation seule donne de la valeur à un produit), pourrait ainsi se trouver à découvert.

Cette objection serait très-fondée si les experts de l'Entrepôt n'avaient toute liberté dans leur estimation. Mais il est évident que, si les produits dépassaient les besoins de la consommation, il y aurait, à leurs yeux, dépréciation, et leur évaluation de la valeur intrinsèque diminuerait d'autant. Nous irons même plus loin : nous admettrons que les experts aient le droit de refuser la stipulation, sur le procès-verbal, d'aucune valeur intrinsèque. Alors le fabricant pourrait bien déposer ses produits, mais il ne pourrait emprunter à la Banque d'État, les experts n'ayant fait aucune estimation.

Si l'on reconnaît que les Agences communales ont pour propriété d'amener une immense diminution dans le prix des produits, il est évident que cette diminution devra nécessairement donner un essor immense à la consommation, tant à l'intérieur qu'à l'étranger; essor qui, pendant de longues années, rendra les besoins supérieurs à la production. Il faut bien remarquer aussi que les fabricants n'ont point intérêt à l'engorgement. Si aujourd'hui il y a engorgement, c'est parce qu'on produit au hasard, sans connaître la consommation; mais il n'y a pas un fabricant en France qui s'amusât à produire plus qu'il ne pourrait vendre s'il était prévenu d'avance de la réalité des besoins.

Or, les Agences communales constatant authentiquement les besoins de la consommation, il en résulterait un équilibre que personne ne pourrait avoir intérêt à rompre.

Il est donc certain que, les experts aidant, la valeur intrinsèque des produits ne sera jamais dépréciée, et, en outre, que les produits ne seront déposés qu'en proportion de la consommation. Les Agences communales seront donc aussi favorables au producteur manufacturier sous le rapport du crédit que sous le rapport du commerce.

Prouvons maintenant, par un exemple, qu'un producteur agricole, cherchant des acheteurs pour ses produits, trouvera dans nos Agences les mêmes avantages que le fabricant de drap que nous avons cité.

Un Produit naturel cherchant un acheteur.

Le propriétaire d'un excellent vignoble, à Bordeaux, a dans ses caves du vin de diverses années; il ne veut pas faire d'envoi sans être sûr de la vente. Il vient déposer ses vins dans les caves de l'Agence de sa commune. Chaque fût porte :

Son nom à lui propriétaire;

Le nom du crû;

Le millésime de l'année de la récolte;

Le contenu du fût;

Le prix auquel il veut vendre.

Les experts reconnaissent le vin et examinent s'il est ou non conforme à la déclaration du producteur. Dans le cas de l'affirmative, ils le reçoivent dans les caves de l'Entrepôt; ils prélèvent des échantillons et les envoient, avec copie du procès-verbal, aux Agences correspondantes, soit à Londres, à New-York, à Paris, etc. Ces échantillons sont soumis aux acheteurs de vins de ces contrées, et si le prix est avantageux, si la qualité est bonne, la vente devient facile, et les Agences de Londres, de New-York ou de Paris, etc., transmettent la commande à l'Agence dans laquelle les vins ont été déposés.

On conçoit très-bien que, dans ce cas, producteurs de vins et consommateurs seraient mis directement en rapport, sans aucuns frais et sans que l'un ou l'autre pût être trompé. Il est clair, en outre, au point de vue financier, que, le propriétaire ayant déposé ses vins, et ayant obtenu un Récépissé, ce Récépissé qui fixe une valeur intrinsèque à son vin, il pourra recevoir de la Banque une avance à 3 pour 100 l'an, avec laquelle il sera mis en mesure de continuer ses travaux sans être obligé de sacrifier les prix, comme cela lui arrive aujourd'hui lorsqu'il est obligé de se procurer, à tout prix, du capital.

Il ne faut pas se le dissimuler, la cause la plus féconde, la plus active de la misère agricole, c'est la spéculation, c'est l'accaparement, c'est le procédé actuellement en usage pour la vente des produits et l'achat des denrées.

En effet, le cultivateur, obligé de payer en argent ses impôts, ses loyers, ses frais d'usure, ses domestiques, est forcé de vendre ses denrées au moment même de la récolte; or, comme tous les cultivateurs de France subissent cette nécessité, à la même époque, il arrive qu'à un moment donné tous les produits agricoles sont mis en vente à la fois et qu'ils se font partout une concurrence déplorable. C'est alors que le spéculateur ou agent commercial jette ses filets et qu'il achète les produits à vil prix. Le malheureux cultivateur a le désespoir de voir, à quelques mois de là, sa récolte, qu'il a sacrifiée pour avoir de l'argent, augmenter, et, fréquemment, doubler de prix. Sous le régime des Agences communales, le cultivateur aurait pu attendre le moment favorable pour la vente, l'époque où la consommation manifeste ses besoins. Jamais sous ce régime on ne verrait se produire ce fait monstrueux d'une bonne récolte qui devient pour les cultivateurs une véritable ruine.

APPLICATION DES AGENCES COMMUNALES.

Nous avons, jusqu'ici, supposé le cas de producteurs cherchant à vendre leurs produits. Dans l'état actuel de la fonction commerciale, ce point de vue serait plus que suffisant ; toutefois, les choses doivent être vues de plus haut.

Nous prétendons que le consommateur a autant besoin du producteur que le producteur a besoin du consommateur. Il est donc tout naturel, il est raisonnable que le consommateur fasse autant d'efforts pour se mettre en rapport avec le producteur que ce dernier pour trouver le consommateur. Il faut que tout consommateur ayant besoin d'un produit puisse savoir où ce produit est fabriqué, et puisse donner directement sa commande au fabricant qui lui paraîtra capable de lui fournir les produits les meilleurs et au plus bas prix possible.

Il n'en peut être ainsi aujourd'hui, et tous les efforts du consommateur, dans ce sens, sont complètement infructueux. Il en résulte une perte immense pour le mouvement commercial.

Le consommateur est obligé d'attendre qu'on fasse sa découverte. Il ne connaît pas le producteur, et de plus, connût-il les noms des producteurs, il ne pourrait, faute de garanties pour la bonne exécution de ses ordres, donner sa commande; il courrait grand risque d'être dupé soit sur les prix, soit sur la qualité.

Supposons le cas d'un consommateur qui a besoin d'un drap quelconque. Que fera-t-il?

Il apportera à l'Agence de la localité l'échantillon du drap qu'il désire acheter, il indiquera la quantité dont il a besoin et le prix qu'il peut y mettre. L'Agence, qui sait parfaitement dans quelle contrée se trouvent les fabriques du produit demandé, envoie les échantillons et les renseignements fournis par l'acheteur à l'Agence centrale de ladite contrée. Celle-ci donne connaissance de la commande aux diverses Agences particulières capables de la bien exécuter; et ces dernières enfin la communiquent aux divers fabricants de draps qui font plus particulièrement la sorte demandée. On arrive ainsi à donner la commande à celui qui peut l'exécuter aux meilleures conditions possibles, tant pour la qualité que pour la couleur et pour le prix.

On comprend aisément que, sauf quelques légères modifications, tous les incidents de la fonction de circulation seraient traités de la manière que nous venons d'indiquer. Nous pourrions, en multipliant les exemples remplir des volumes : l'intelligence du lecteur nous en dispensera. Qu'on suppose les Agences communales établies partout, et tout naturellement on s'édifiera sur les importantes améliorations qu'elles introduiraient forcément dans la fonction commerciale.

Nous tenons seulement à bien constater que l'Institution des Agences communales ne porte aucune atteinte à la liberté. Chacun reste libre d'en user ou de ne pas en user. L'avantage qu'on doit retirer des Agences doit seul décider à s'en servir.

Mais il faut qu'on le sache : l'établissement des Agences communales sur tous les points du territoire français et des territoires étrangers, transformerait la fonction commerciale en un vaste courant ayant des milliers d'affluents et d'aboutissants ; courant ouvert à tous les producteurs et à tous les consommateurs qui pourraient y naviguer en toute liberté, en toute sécurité.

Ceci admis, nous devons jeter un coup d'œil sur les tentatives déjà faites, *par instinct*, dans certaines localités. Nous avons déjà dit que le commerce à commission, les maisons de consignation, les représentants à poste fixe, étaient tout autant de tentatives pour secouer le joug commercial ; seulement ces tentatives qui sapent et ruinent sourdement l'ancien système de commerce sont le résultat d'efforts individuels, et par conséquent pleins d'incohérence, et soumis à toutes les chances inhérentes à l'individualisme, le manque de garantie, de surveillance, etc.

Nous allons parler de quelques tentatives plus sérieuses et se rapprochant davantage du système vrai. Nous citerons en premier lieu les WARRANTS des Entrepôts de Londres.

L'Angleterre reçoit de tous les points du globe les produits de ses colonies. Il est évident que tous les producteurs ne peuvent pas accompagner leurs produits pour les vendre; cela serait par trop coûteux, et surtout cela causerait aux producteurs une perte de temps irréparable. Le besoin d'échapper aux spéculations commerciales a donné l'idée d'ouvrir des magasins publics dans lesquels tout producteur est admis à expédier, de tous les points du globe, ses denrées, ses produits. A l'arrivée de ces denrées, des employés spéciaux prélèvent des échantillons et dressent une espèce de procès-verbal appelé WARRANT, sur lequel sont inscrits le nom de l'expéditeur, le lieu de la provenance, la désignation de la qualité, le poids ou la quantité des produits.

Ce Warrant et ces échantillons sont remis à un courtier qui s'occupe de chercher des acheteurs. Mais comme il arrive fréquemment que le producteur a intérêt à ne pas vendre, et à attendre, il cherche des prêteurs, et il en trouve facilement sur le dépôt des produits dans les magasins publics. Ces produits sont une garantie solide et suffisante, car ils ne sortent des magasins qu'après la purge des Warrants. Comme on le voit, cette Institution se rapproche beaucoup de celle que nous proposons; seulement nous en demandons la généralisation; nous demandons qu'il y ait des Entrepôts dans toutes les villes, et que ces Entrepôts puissent correspondre entre eux et échanger réciproquement leurs dépôts.

Nous pouvons citer encore d'autres exemples remarquables. De temps immémorial, on fabriquait à Hambourg une quantité considérable d'ébénisterie. Peu à peu la concurrence s'établissant entre les fabricants, il arriva que l'on fit comme en France, on rechercha l'apparence et on ne s'attacha plus à la qualité; la consommation s'éloigna par degrés, et la fabrication de meubles tomba dans une détresse profonde, à ce point qu'elle allait disparaître complètement si on n'eût eu recours à quelque moyen énergique pour la régénérer.

Impossible de dire, comme on dit aujourd'hui en France, que c'était la faute de la République : les Allemands ne se payent pas de mots. Ils étudièrent le mal; ils en reconnurent la cause, et, sans hésitation aucune, ils appliquèrent un remède héroïque.

Les ébénistes de Hambourg, reconnaissant que leur profession succombait par suite de la fraude et de la concurrence, établirent un magasin central de vente, un vaste Bazar où aucun meuble défectueux ne fut admis. En revanche, tous les meubles de bonne qualité, les meubles bien confectionnés furent marqués de l'estampille du Bazar.

Le jour où le consommateur fut à l'abri de la fraude, il recommença ses achats; la faveur s'attacha de nouveau à la fabrication de Hambourg, si bien que l'ébénisterie y a repris une prospérité inespérée qui a dépassé de beaucoup les temps les plus prospères.

On nous a indiqué un autre exemple plus frappant encore.

Il existait à Nuremberg une fabrication considérable de grelots, dont l'écoulement se trouve plus particulièrement en Amérique. Par suite de la libre concurrence et du *laisser-faire*, le nombre des fabricants s'était accru au delà de toute limite raisonnable. Chacun d'eux était obligé d'avoir ses voyageurs et ses représentants en Amérique. Ces représentants, poussés par la concurrence, vendaient à des termes fabuleux et à des prix impossibles; bref, les fabricants de Nuremberg, ruinés par les faux frais et les faillites, en étaient arrivés à la dernière détresse; fournisseurs de matière première, fabricants et ouvriers étaient aux abois. Il fallait ou renoncer à cette fabrication ou la réformer. Les Français y eussent renoncé et eussent accusé le gouvernement; les Nurembergeois prirent un meilleur parti : ils fondèrent une seule maison de vente, à laquelle ils s'engagèrent tous à remettre leurs produits.

A l'instant cessa la concurrence; au lieu de couvrir l'Amérique de représentants, au lieu de vendre à toute échéance, la maison centrale n'eut plus qu'un seul représentant, et elle ne vendit plus qu'au comptant.

Il en résulta ce fait singulier, inattendu pour les esprits superficiels, c'est que, les frais généraux et de faillite diminuant dans une immense proportion, il devint possible de donner les grelots à plus bas prix qu'auparavant; ce qui en augmenta la consommation, tout en donnant des bénéfices considérables à tous les intérêts engagés dans cette industrie. Les ouvriers virent augmenter leurs salaires, les fabricants leurs bénéfices, et les marchands de matières premières purent enfin vendre en toute sécurité.

Ces exemples doivent suffire pour prouver qu'on rendrait au pays un service immense si l'on opérait la transformation des *Entrepôts et Comptoirs nationaux encore existants en* AGENCES COMMUNALES.

LES AGENCES COMMUNALES POURRAIENT ÊTRE INSTITUÉES PAR LES PARTICULIERS; ELLES DOIVENT L'ÊTRE PAR L'ÉTAT.

Nous croyons être resté dans la vérité lorsque nous avons dit que l'organisation commerciale actuelle est un abîme d'anarchie où se combattent pêle-mêle la concurrence effrénée, l'agiotage, la spéculation, la fourberie, la falsification; lorsque nous avons avancé que l'immense multitude des agents parasites, faisant supporter aux produits tous leurs bénéfices, leurs spéculations, leurs faux frais et leur mauvaise gestion, empêchaient, par l'augmentation des prix et par la fraude, l'extension de la consommation, et, partant, de la production et du travail.

Il nous est donc permis de supposer que les producteurs agricoles et manufacturiers, lassés enfin de tant d'incohérence et de funestes résultats, cherchent des moyens nouveaux pour améliorer leur position. Il nous est permis d'affirmer que tous les producteurs seraient heureux de connaître au juste les besoins réels, afin d'équilibrer la production avec ces besoins; qu'ils désireraient entrer directement en relation avec les consommateurs; qu'ils voudraient obtenir le crédit facilement et à bon marché; enfin, qu'ils voudraient être mis pour toujours à l'abri des accaparements, des rabais injustes, des liquidations forcées.

Il doit être permis, sans mériter le titre d'utopiste, d'admettre comme très-raisonnables de pareilles suppositions.

Cela étant, qu'auraient à faire les producteurs?

En premier lieu, ils auraient à se réunir dans chaque ville, dans chaque canton, dans chaque commune; ils auraient à former entre eux des conseils de l'industrie et de l'agriculture. Ils devraient, avant tout, prendre cette initiative, car s'ils attendent que le gouvernement la prenne pour eux, ils risquent fort d'attendre longtemps; le gouvernement donnant de préférence toute sa sollicitude aux intérêts parasites du commerce et de la Banque, il est à craindre que systématiquement il ne veuille pas favoriser l'affranchissement de la production. Or, cet affranchissement résulterait d'emblée de la formation spontanée de ces réunions. Que les industriels et les agriculteurs se réunissent donc partout; qu'ils étudient les causes de leurs souffrances, et nous sommes convaincu que six mois d'études amèneraient l'unanimité sur les moyens à employer, et, de la part des intérêts de la production et de la consommation, une pression telle qu'aucune résistance ne serait possible.

Créez tout de suite et dans toutes les villes, dans

toutes les communes, des Chambres industrielles et agricoles : et demain, sans luttes, sans révolutions, sans violences, on obtiendra les Institutions de crédit et de commerce dont le pays a tant besoin.

. Que les producteurs le sachent bien : ils tiennent le sort de la France dans leurs mains ; qu'ils sortent donc de cette torpeur, de cette apathie dans laquelle ils vivent ; qu'ils se concertent, qu'ils discutent, qu'ils s'entendent, qu'ils imitent enfin nos voisins les Anglais. Ceux-ci n'attendent pas que le gouvernement fasse tout : ils prennent l'initiative, ils agissent ; toutes les réformes qu'ils accomplissent, c'est le peuple qui les discute, qui les prépare, et enfin qui oblige le gouvernement, par une pression morale irrésistible, à mettre ces réformes en pratique.

Il suffit que, dans chaque ville, quelques industriels ouvrent un Entrepôt sur les bases que nous avons détaillées ; qu'ils nomment à l'élection les directeurs, experts et employés choisis parmi les plus capables et les plus dignes, et à l'instant, par voie d'imitation, cette Institution s'établira dans toutes les villes, et on aura ainsi réalisé, sans peine, sans efforts, la réforme du Commerce.

Les industriels qui prendraient cette initiative feraient une excellente affaire sous tous les rapports, comme industriels et comme capitalistes. Comme industriels, ils obtiendraient l'écoulement immédiat de leurs produits à des prix plus avantageux, aussi bien pour eux-mêmes que pour le consommateur.

Comme capitalistes-fondateurs, ils auraient encore un bénéfice considérable. En effet, pour agencer et construire au besoin les magasins et Comptoirs de l'Agence communale, il faudra des capitaux; ces capitaux, fournis par les industriels, leur donneront droit à une commission sur la vente des produits, qui leur constituera un bénéfice d'autant plus assuré, que les Agences communales, ne faisant aucune opération pour leur compte, ne pourront que gagner, et jamais perdre. Les fondateurs seront donc devenus actionnaires dans une entreprise très-lucrative; ce serait donc une excellente spéculation financière.

La fondation des Agences communales, surtout dans les villes, demande peu de capitaux; il n'y a pas de ville où ne se trouvent de vastes bâtiments presque toujours sans emploi, et dans lesquels il suffirait de faire quelques agencements intérieurs pour les rendre propres à cette destination. Il faut donc peu de fonds; il ne s'agit que de vouloir; le plus difficile est d'amener les producteurs à se réunir; cela obtenu, l'organisation des Agences communales se ferait d'elle-même.

Mais il faut bien se pénétrer de cette idée, que les Agences communales n'ont pas pour but unique de recevoir les produits; elles ont aussi pour but de les mettre sous les yeux des consommateurs; or, cette exposition doit se faire sans perte de temps, sans déplacement, sans frais pour ces derniers. Nous en concluons que les Agences doivent être nombreuses; plus elles le seront, plus l'Institution donnera de précieux résultats.

On le voit, c'est simple et peu coûteux, et si nous avions un conseil à donner aux COMMERÇANTS, NOUS LES ENGAGERIONS A PRENDRE EUX-MÊMES L'INITIATIVE ET A NE PAS ATTENDRE L'INTERVENTION DES PRODUCTEURS.

Les Agences communales peuvent donc être *instituées* par les particuliers.

La fondation par les particuliers serait même obligatoire si l'Agence communale était chargée d'acheter et de vendre pour son propre compte, si elle spéculait, s'il fallait faire des démarches pour rechercher le producteur et le consommateur, s'il fallait de grands capitaux; car l'État ne pourrait ni fournir les capitaux, ni opérer la vente, l'achat ou la spéculation, ni rechercher le producteur et le consommateur. Mais les Agences communales ne font aucune opération de commerce (comme on l'entend aujourd'hui), elles sont une grande route ouverte à la circulation des produits, elles sont un lieu de rendez-vous ouvert aux producteurs et aux consommateurs, dans lequel chacun d'eux surveille lui-même ses intérêts. Les Agences n'ont pas d'autres fonctions que de faciliter les rapports entre la production et la consommation, et de donner à tous l'authenticité et la garantie de la vérité, de la loyauté.

Nous allons plus loin : nous soutenons que, si les Agences communales devaient faire le commerce pour leur compte, si elles devaient spéculer, si elles devaient solliciter l'achat ou la vente, elles ne constitueraient pas une réforme commerciale, et au lieu de les fonder, il vaudrait mieux conserver le système actuel de commerce.

C'est en cela que la réforme que nous proposons se distingue profondément des autres systèmes d'échange proposés, lesquels, sous prétexte de régulariser et de diriger les transactions, s'arrogent le droit d'intervenir entre le producteur et le consommateur. Nous admettons en principe que dans l'état de morcellement, d'antagonisme, d'individualisme dans lequel se trouve la société, CHACUN N'EST OU NE CROIT ÊTRE BIEN SERVI QUE PAR SOI-MÊME.

Par conséquent les trente-cinq millions de producteurs et de consommateurs français doivent veiller eux-mêmes à l'achat et à la vente de leurs produits; ils ne doivent pas s'en remettre à un tiers, que ce tiers soit l'État ou des particuliers.

Tout le mérite des Agences communales est de simplifier et de faciliter ce rapport direct, presque sans aucuns frais. Or, s'il ne faut pas de capitaux, si les Agences ne font pas le commerce pour leur compte, si les acheteurs et les consommateurs ne s'en servent que de la même manière qu'un voyageur se sert d'un véhicule de circulation, si les employés n'ont aucune initiative, si leur rôle se borne à recevoir les produits, à les soigner, à les exposer, à les remettre à l'acheteur; il est de toute évidence que l'État pourrait accomplir cette fonction au même titre et de la même manière qu'il accomplit la fonction judiciaire; il surveillerait l'échange comme aujourd'hui il surveille la justice.

L'État, dans ces Agences communales, n'ayant pas à intervenir entre les producteurs et les consommateurs autrement qu'il n'intervient dans les tribunaux entre les plaideurs, l'État seul doit fonder ces Agences par la même raison que l'État seul distribue la justice. L'État seul peut conserver son indépendance, l'État seul peut être à l'abri des séductions de l'intérêt personnel.

Il en est de même pour les Agences communales : l'État seul a intérêt à activer la circulation générale; lui seul peut être impartial au milieu des intérêts rivaux des producteurs; lui seul peut donner l'unité à cette Institution. Abandonner cette organisation aux particuliers, ce serait ouvrir la porte aux influences personnelles, aux intérêts privés, et surtout ce serait rétablir, pour le commerce, les us et coutumes de province à province, de ville à ville, qui renouvelleraient les abus des coutumes judiciaires.

Il est de la plus haute importance que tout producteur, par la protection de l'État, soit assuré de l'impartialité, de la loyauté et surtout de l'unité de conditions partout semblables et régulières. D'ailleurs l'État, prélevant une commission destinée à dégrever l'impôt, doit seul diriger cette branche de revenu dans l'intérêt général, sans avoir à compter avec des intérêts particuliers. Donc, puisqu'il n'y a presque point de dépenses à faire, puisqu'il ne faut que des surveillants, des juges commerciaux pour ainsi dire, L'ÉTAT PEUT ET DOIT, DANS L'INTÉRÊT GÉNÉRAL, FONDER LUI-MÊME LES AGENCES COMMUNALES.

Mais il doit les fonder sans porter aucune atteinte à l'ancien système de commerce; il doit prévoir le cas où cette réforme ne donnerait pas tous les résultats qu'on en attend. Les Agences doivent être ouvertes au public sans aucune contrainte; les avantages qu'elles procurent à tous doivent seuls amener leur succès. Elles ne doivent agir que par voie de concurrence libre, afin que, si l'ancien commerce est supérieur à l'Institution nouvelle, on puisse abandonner les Agences sans avoir rien désorganisé, rien renversé, rien détruit. Répétons encore une fois que les populations ne doivent abandonner l'ancien édifice social qu'après la construction d'un édifice plus beau et plus solide. C'est en suivant ce procédé qu'on évitera les secousses et les révolutions, tout en marchant franchement et hardiment dans la voie du Progrès.

TROISIÈME PARTIE.

TROISIÈME PARTIE.

REFONTE DU BUDGET, AUGMENTATION DES RECETTES, DIMINUTION DES IMPOTS.

S'il existe une utopie aux yeux des hommes politiques français, c'est assurément la possibilité d'augmenter les recettes du budget et de diminuer les impôts. On n'a jamais vu en France augmenter les recettes sans une égale augmentation des impôts; mais, en revanche, on a vu très-souvent augmenter les impôts et diminuer les recettes.

La Révolution de Février en a fourni un nouvel et douloureux exemple; pressés par les besoins du Trésor, les gouvernants de Février ont augmenté les impôts dans une immense proportion, et, comme les impôts qu'ils ont frappés atteignaient surtout les classes pauvres de la nation, ils ont soulevé contre eux l'animadversion générale.

Il est hors de doute que, si le gouvernement provisoire avait pu ôter à l'impôt 45 centimes, au lieu de l'augmenter de cette somme, il aurait fondé la République sur la reconnaissance du peuple, et la France ne serait pas à la veille de nouvelles luttes, de nouvelles convulsions.

13.

Mais, pour dégrever l'impôt, il eût fallu au préalable trouver et appliquer de nouvelles combinaisons qui, de deux choses l'une, ou permissent de diminuer les dépenses dans une énorme proportion, ou bien ouvrissent de nouvelles et abondantes sources de recettes.

Hélas! on n'a su trouver ni l'un ni l'autre. En vain ébrèche-t-on le budget, on n'arrivera par ce moyen qu'à des économies à peine sensibles, économies plus onéreuses qu'utiles, surtout celles qui portent sur les travaux publics.

Ce n'est pas par d'innocents procédés de ce genre qu'on arrivera à diminuer les dépenses et à augmenter les recettes; car il ne suffit pas de limiter quelques émargements scandaleux, il faut absolument entrer dans une voie toute nouvelle; il faut enfin sortir des vieilles ornières.

En effet, les impôts actuels sont insuffisants pour couvrir les dépenses, et pourtant il n'y a plus rien à tirer d'eux pour augmenter les recettes. On songe bien à frapper le revenu, mais l'expérience prouve que c'est une chose si difficile, entourée de tant de vexations, si nécessairement arbitraire dans un pays comme la France, où, en définitive, il y a un très-petit nombre d'hommes ayant du superflu; où la propriété est grevée de tant de milliards d'hypothèques, qu'un impôt sur le revenu amènerait peut-être une nouvelle révolution, car il n'atteindrait pas ceux qui devraient le payer, à savoir, LES CAPITALISTES,

AGIOTEURS ET SPÉCULATEURS, dont les revenus sont toujours dissimulés.

Tous les vieux moyens sont usés; il faut donc se décider ou à ne rien faire, et à laisser empirer le mal jusqu'à la banqueroute générale et définitive, ou bien il faut entrer résolument dans la voie des réformes, et, quoique le mal soit bien profond, quoique la situation paraisse désespérée aux yeux des antagonistes du progrès, le jour où l'on aura la ferme volonté d'agir, on le pourra, et on se soustraira facilement à l'exploitation de la féodalité financière.

QUE L'ON ÉTABLISSE LA BANQUE D'ÉTAT, et à l'instant cette Banque, donnant le crédit à 3 pour 100 au meuble et à l'immeuble, représentera toutes les transactions; elle émettra ses billets pour des sommes immenses, et elle opèrera ainsi une recette énorme. Cette émission de billets de la Banque d'État ne peut être évaluée, quelle que soit la modération qu'on y mette, à moins de six à sept milliards, lesquels, rapportant un intérêt de 3 pour 100, créeront une recette totale annuelle de 200 MILLIONS AU MOINS (1).

QUE L'ON JOIGNE A LA CRÉATION DE LA BANQUE D'ÉTAT L'INSTITUTION DES AGENCES COMMUNALES

(1) Une émission de six ou sept milliards de billets de la Banque d'État n'a rien d'exagéré; puis, ces billets sont appelés, ainsi que nous l'avons démontré, à remplacer dans la circulation le papier-monnaie individuel ou lettre de change dont la circulation s'élève à douze ou quinze milliards.

établies d'abord dans les principaux centres producteurs; puis, qu'on les généralise progressivement dans toutes les communes de France, et on ne tardera pas à reconnaître que ces Agences offrant des avantages infinis à la production et à la consommation, arriveront promptement à opérer la circulation entière de tous les produits.

Or, comme le gouvernement prélèvera une commission à la vente de tous les produits, il est de toute évidence que cette commission, très-faible sur les objets de première nécessité, mais plus forte sur les objets manufacturés et de luxe, donnera au gouvernement un revenu immense, dont le minimum ne peut être évalué à moins de 300 millions par an.

Le maximum possible ne peut se préciser, car, dans un besoin pressant, le gouvernement, en élevant la commission d'un pour 100, ce 1 p. 100 ne produirait pas moins de 100 millions, si l'on suppose une circulation de dix milliards de produits. Et ce chiffre sera de beaucoup dépassé lorsque la circulation aura atteint tout son développement. Quelques-uns trouveront ces chiffres exagérés, pourtant ils ne le sont nullement; pour peu qu'on veuille y réfléchir, on se convaincra que, loin d'être exagérés, ils sont, au contraire, très-modérés.

En effet, ces recettes ne proviennent que d'une réforme du crédit et du commerce. Or, si l'on établit une comparaison entre les recettes opérées par la Banque d'État et par les Agences communales, avec les sommes prélevées sur la circulation des produits par l'organisation actuelle de la banque et du commerce, on verra que l'organisation actuelle prélève un impôt infiniment plus lourd.

La banque actuelle, sans tenir compte de ce qu'elle extorque clandestinement par l'agiotage et l'usure manifeste, ne donne le crédit qu'en retour d'un intérêt qui est en moyenne de 8 pour 100, y compris les faux frais et commissions. Ce chiffre de 8 pour 100, appliqué à toutes les transactions de banque, constitue un prélèvement annuel que l'on ne peut porter à moins de 500 millions par an, sans compter les douze cents millions payés par la dette hypothécaire.

Alors donc qu'on évalue à 200 millions les recettes de la Banque d'État, qui, prêtant à 3 p. 100, opèrera en peu de temps toutes les transactions, on demeure évidemment beaucoup au-dessous de la vérité.

D'un autre côté, la fonction commerciale est aujourd'hui exercée de telle sorte que les produits, passant de main en main, n'arrivent jamais au consommateur que surchargés de tous les faux frais, de toutes les spéculations, de tous les bénéfices de la foule des intermédiaires. Cette surcharge ne peut être évaluée à moins de 25 pour 100, pour les matières premières, et à 50 pour 100 et plus pour les objets manufacturés et de luxe, sans compter ce que le consommateur perd par la fraude et les falsifications. Il est donc évident que la fonction commerciale prélève plusieurs milliards sur la circulation; et que lorsque tous les produits passeront par les Agences communales, la recette que nous avons portée à 300 millions pourra être doublée et au delà, tout en dégrevant la consommation de plusieurs milliards qu'elle paie aujourd'hui à la fonction commerciale.

Des recettes aussi importantes entraîneraient nécessairement une refonte complète du budget, et permettraient le dégrèvement de tous les impôts qui pèsent sur le pauvre ou qui gênent la circulation.

Si à ces recettes on ajoute le revenu que l'État peut se faire par l'établissement d'un vaste système d'assurances générales par l'État contre toute espèce de risques; si l'on y joint l'exploitation des mines et des chemins de fer, on arrive forcément à un accroissement nouveau de la richesse publique. Il devient alors possible de concevoir la réalisation de cette utopie : AUGMENTER LES RECETTES, EN DIMINUANT LES IMPOTS.

RETOUR A LA PRODUCTION DU CAPITAL EMPLOYÉ, AUJOURD'HUI, DANS LA BANQUE ET LE COMMERCE.

On ne saurait le nier : l'Institution de la Banque d'État et des Agences communales sera un fait immense comme moyen financier ; mais le retour du capital tout entier à la production constitue un fait plus important encore. En effet, quand on songe que tous les producteurs français s'épuisent de travail ; qu'ils sont constamment en lutte pour créer des richesses qui passent entre les mains d'une minorité privilégiée, qui ne s'en sert que pour exploiter plus durement encore le producteur par l'hypothèque, l'agiotage, les spéculations ; on conçoit que si toutes ces richesses employées à pressurer la production pouvaient être employées à secourir, aider, développer cette même production, au lieu de l'étouffer, comme aujourd'hui, il en résulterait un développement immense de la fortune publique et l'abondance générale.

Le mal qui torture la société ne provient pas, comme le croient certains économistes, de ce que le capital se fait payer. Qu'importerait que le capital participât au gain, si, grâce à son intervention, ce gain était toujours considérable? Le mal provient de ce que le capital est généralement improductif, et qu'il s'emploie à exploiter le producteur au lieu de produire lui-même.

Nous avons déjà démontré que le capital serait inutile dans la Banque d'État, puisque, d'un côté, la Banque ne s'occupant que de la monétisation d'un gage, elle n'aurait besoin d'aucune réserve, et que, d'un autre côté, l'échange à vue du billet de banque contre le numéraire est condamné par l'expérience et par la raison; il nous reste à démontrer que le capital ne serait pas moins inutile dans la fonction commerciale.

Aujourd'hui le capital joue un double rôle : 1° il sert de réserve; 2° il est l'agent de la spéculation.

Comme réserve, il a pour but de garantir les tiers contre les erreurs, les fautes, les malheurs, et, au besoin, contre les malversations des commerçants. Un commerçant a effectivement besoin d'une réserve, d'un capital, pour faire face aux pertes qu'il pourrait subir. Sans cette réserve, sans ce capital, aucun commerçant (1) n'obtiendrait qu'on lui confiât des produits; car, que l'on suppose le commerce ac-

(1) Il faut toujours se souvenir que nous appelons commerçant un intermédiaire qui devient *propriétaire* des produits qui arrivent dans ses mains; tout agent qui ne fait que vendre pour le compte d'un producteur, sans devenir lui-même propriétaire des produits, est un représentant et non un commerçant.

tuel instantanément privé de capital, il en résulterait immédiatement la suppression de la vente à terme, la suppression de tout crédit, c'est-à-dire le bouleversement de la circulation, l'arrêt de tout achat, de toute vente.

Le capital est donc aujourd'hui absolument nécessaire à titre de réserve. Il ne l'est pas moins comme agent de la spéculation.

En effet, le but de la spéculation est de fournir au producteur le capital dont il a besoin pour continuer ses travaux. Il est évident que, pour fournir ce capital, il faut l'avoir. C'est donc parce qu'elle possède un capital disponible que la fonction commerciale exploite si durement la production; car elle profite des besoins du producteur pour lui fournir le capital en échange de ses produits aux conditions les plus onéreuses. Il n'en sera plus ainsi quand les Agences communales seront établies: alors la fonction commerciale n'aura plus besoin de capital.

Les Agences communales n'achetant ni ne vendant rien pour leur propre compte, et ne cédant jamais les produits qui leur sont consignés que contre paiement comptant, elles ne peuvent, dans aucun cas, courir la moindre chance de perte. Elles n'ont donc pas besoin de réserve pour garantir les tiers contre des éventualités qui ne peuvent plus exister. Elles n'ont pas davantage besoin de garanties contre des malversations impossibles, puisqu'elles sont administrées par des employés choisis à l'élection, par les intéressés eux-mêmes, parmi les hommes les plus dignes de confiance et les plus capables, puisqu'elles sont incessamment surveillées par la population entière, et qu'enfin elles versent chaque jour leurs fonds à la Banque d'État.

Or, les Agences communales ont la propriété de rendre la spéculation non-seulement inutile, mais, ce qui est mieux, impossible. Aujourd'hui, le spéculateur, sous le prétexte de fournir du capital au producteur, lui vend le plus cher possible ce qu'il a acheté au plus bas prix possible. Cette industrie spoliatrice ne peut s'exercer qu'à de certaines conditions :

1° Il faut que le producteur ait besoin du capital;

2° Il faut que le spéculateur, devenant propriétaire du produit, puisse ainsi avoir le droit d'en disposer à son gré, c'est-à-dire d'accaparer, afin de faire hausser les cours;

3° Il faut que le secret le plus absolu enveloppe les opérations du spéculateur;

4° Il faut que le producteur et le consommateur s'ignorent complètement l'un l'autre;

5° Il faut enfin que le prix d'origine, le prix vendu par le producteur soit, autant que possible, ignoré du consommateur.

Toutes ces conditions sont absolument indispensables pour que la spéculation puisse avoir lieu; que le producteur ne soit pas forcé de vendre à tout prix par besoin d'argent; qu'il veuille rester propriétaire de ses produits, en en demeurant responsable; qu'il ait connaissance des débouchés; qu'il soit en relation directe avec les consommateurs de ses produits; enfin, que le consommateur puisse prendre connaissance du prix de fabrique; qu'un seul de ces cas se présente, et la spéculation est impossible, ou tout au moins très-difficile, c'est-à-dire peu profitable.

Dans le mécanisme des Agences communales, que nous avons décrit plus haut, véritable milieu de vérité et de publicité, toutes les conditions qui rendent la spéculation impossible existent constamment et inévitablement : donc les producteurs et les consommateurs ne lui paieront plus tribut.

Or, si le capital est inutile dans la Banque et dans le commerce, s'il ne peut plus agioter, accaparer, spéculer, il faudra que ceux qui le possèdent le mangent ou qu'ils le laissent dormir, ou enfin qu'ils se décident à lui chercher un emploi utile. Cet emploi utile, ils ne pourront le trouver que DANS LA PRODUCTION.

Quand on considère la masse énorme des capitaux employés aujourd'hui à l'usure, à l'agiotage et à la spéculation, ainsi qu'à la réserve inutile des banques et du commerce, on comprend aisément que ces capitaux, se reportant sur la production, opèreraient une révolution immense dans ses résultats. Le retour du capital à la production, c'est la baisse de l'intérêt de l'argent, c'est la régénération de l'agriculture, le développement de la manufacture, etc., etc. Quel essor magnifique un si puissant auxiliaire donnerait immédiatement à toute production !... L'intelligence demeure éperdue en face d'un pareil accroissement de toute espèce de richesses et de perfectionnements apporté dans toutes les branches de l'industrie humaine. Découvertes nouvelles, défrichements, colonisations, voies de communication, tout cela se créerait comme par enchantement; et cet excédant de production, augmentant subitement la masse à consommer, il en résulterait un bien-être général dont le tableau nous paraîtrait aujourd'hui une véritable utopie.

Le retour du capital à la production amènerait encore un résultat très-important que nos législateurs ont vainement poursuivi jusqu'ici. (Nous appelons vivement l'attention des lecteurs sur ce point.) Les agioteurs et spéculateurs, ayant toute leur fortune en meubles, écus ou produits, ne paient que peu ou point d'impôts, tandis que les producteurs, possesseurs ou prolétaires, sont accablés d'impôts de toutes sortes : c'est une criante et monstrueuse injustice.

La réforme du Crédit et du Commerce que nous proposons a pour effet de faire atteindre tous les capitaux par l'impôt, et cela par le seul fait du retour obligé du capital à la production.

Il est connu de tous qu'un capitaliste peut posséder des millions, jouer à la Bourse et faire des gains considérables sans payer un sou d'impôt; il peut aussi spéculer sur les denrées, faire rendre 20, 30, 50 pour 100 à son capital sans même payer patente; tandis que le producteur, qui produit péniblement, se voit forcé de donner le cinquième du fruit de son travail.

Mais si la Banque d'État supprime l'agiotage, si l'Agence communale empêche la spéculation, il faudra bien que le capital devienne producteur, qu'il fonde des usines, des colonies, des œuvres matérielles enfin; il faudra qu'il s'immobilise, qu'il prenne un corps. C'est alors, *mais seulement alors*, qu'il pourra être atteint par l'impôt.

Nous n'hésitons pas à le dire, là est le véritable nœud de la difficulté. C'est là le procédé vrai, scientifique, certain, d'atteindre le capital mobile; en dehors de cette voie, tous les moyens seront aussi dangereux qu'impuissants : le capital saura toujours leur échapper.

Il faut se pénétrer de cette idée, que le bien social ne peut se réaliser que par des Institutions préalables. Vouloir le bien avant d'avoir créé l'Institution qui doit le produire, est une utopie. L'égalité devant l'impôt est un bien, mais on ne pourra l'obtenir que par la réforme du Crédit et du Commerce.

QUELLE QUE SOIT LA DISTANCE DU LIEU DE PRODUCTION, LE CONSOMMATEUR NE PAIERA JAMAIS QUE LE PRIX DE FABRIQUE.

Il est acquis que lorsqu'un consommateur veut acheter un produit, il le paie toujours infiniment plus cher que le producteur ne l'a vendu. Cette augmentation du prix devient souvent considérable : cela arrive surtout quand le consommateur se trouve à une grande distance du lieu de production. Il est évident que cette augmentation du prix diminue sensiblement, et au besoin arrête complètement, la consommation.

Or un temps d'arrêt dans la consommation est aussi nuisible au consommateur qu'au producteur.

Nous avons déjà démontré que la cherté des produits n'est pas du fait du producteur. Tout le monde sait que le producteur vend à très-bon marché parce qu'il a été forcément amené à avilir le prix de la main-d'œuvre, et même à sacrifier son propre bénéfice; si bien que, sur dix fabricants, il y en a cinq qui se ruinent, quatre qui végètent toute leur vie, et un seul à peine qui acquiert un peu d'aisance. Cette augmentation des prix provient de la mauvaise organisation de la fonction commerciale. En effet, le commerçant spéculateur, exploitant le besoin de capital du producteur, lui fournit ce capital en échange de ses produits qu'il achète à vil prix, et, comme il devient propriétaire de ces produits, il est, grâce aux droits légaux de tout propriétaire, autorisé à vendre cher ce qu'il a acheté bon marché, ce qui devient encore une nouvelle spéculation sur les besoins des consommateurs; c'est ainsi qu'il arrive à faire supporter aux produits non-seulement ses frais de maison, ses bénéfices, mais encore les exigences de ses spéculations. Ce n'est pas tout. Entre le producteur et le consommateur, il se trouve une série d'intermédiaires semblables à celui dont nous venons de parler : marchands en gros, marchands en demi-gros, marchands en détail. Il arrive que ces intermédiaires, dont chacun devient à son tour propriétaire des produits, commencent par grever ces produits de tous leurs faux-frais, et y ajoutent ce qu'ils regardent comme le bénéfice légitime de leur spéculation; en sorte que les consommateurs paient les marchandises 25, 30, et quelquefois 60 ou 75 p. 0/0 de plus qu'elles ne valent en réalité (1).

(1) Nous avons souvent entendu dire que dans la quincaillerie, par exemple, pour qu'un quincaillier en détail pût se tirer d'affaire, il fallait que le premier article d'une douzaine fût vendu assez cher pour payer la douzaine entière. Si cela est vrai (ce que nous ignorons), il est évident que c'est un fait monstrueux, et pourtant, la fonction commerciale est si mal organisée que des bénéfices pareils ne suffisent pas encore pour

Sous le régime des Agences communales, qui ne spéculent jamais, et qui ne prélèvent que les frais rigoureusement nécessaires pour leur entretien et la surveillance des opérations, les choses se passeraient tout autrement.

Pour le consommateur, quelle que soit la distance du lieu de production, le prix d'achat de chaque objet se composerait : 1° du prix de fabrique; 2° du prix de transport du lieu de fabrication au lieu de consommation (et tout le monde pourrait facilement connaître ce prix); 3° des frais d'emballage, d'entretien et de surveillance; 4° enfin de la commission de l'Agence communale. Sur tout cela il y aurait impossibilité de tromper le consommateur, puisque toutes les opérations des Agences se passeraient au grand jour de la plus complète publicité. Enfin ce serait la réalisation du commerce véridique et économique dans toute la rigueur des mots, dont profiterait tout acheteur, fût-il des lieux les plus éloignés.

Quelques personnes prétendront que même aujourd'hui le commerce fournit les produits aux consommateurs à des prix très-peu élevés, à des prix qui quelquefois même sont au-dessous du prix de fabrique.

Nous ne nions pas que ce fait se produise quelque-

couvrir les frais, car la profession de quincaillier est une des plus précaires. Ce serait un fait vraiment instructif que de forcer tout marchand à inscrire sur ses marchandises le prix réel auquel le producteur a vendu en première main.

fois, mais cela arrive rarement; seulement, quand un pareil exemple se présente, on en fait grand bruit, car les intermédiaires ont intérêt à faire croire qu'ils ne gagnent pas. Au reste nous sommes pleinement convaincu que, dans le plus grand nombre de ces cas, il y a dans ce fait une rouerie, un mensonge. Qui ne connaît des exemples de marchands qui exhibent leur facture d'achat à la pratique pour lui prouver qu'ils vendent à perte! Ces honnêtes marchands n'oublient qu'une chose, c'est de mentionner l'escompte de 15 à 25 0/0 que le fabricant est convenu de faire au moment où on lui règlera sa facture.

CONSÉQUENCES SPÉCIALES POUR LA MANUFACTURE.

Le commerce joue aujourd'hui un rôle infiniment important par rapport à la manufacture; plus important encore que pour l'agriculture. En effet, l'agriculture n'a de relation avec le commerce que pour lui livrer ses produits; la manufacture, au contraire, se sert de lui, non-seulement pour vendre ses produits, mais encore pour acheter les matières premières dont elle a besoin. On conçoit donc à la rigueur que la manufacture ait un intérêt plus spécial, plus pressant que l'agriculture, à une réforme de la fonction commerciale.

Aussi les conséquences de cette réforme pour la manufacture sont-elles nombreuses, importantes et fécondes pour l'avenir.

La plus importante de toutes est sans contredit la SUPPRESSION DE LA CONCURRENCE ANARCHIQUE, QUI SERA REMPLACÉE PAR LA CONCURRENCE ÉMULATIVE.

Les manufacturiers, déjà si cruellement victimes de la concurrence commerciale, sont encore obligés de se faire entre eux une concurrence acharnée. Cette concurrence atteint les proportions les plus dramatiques, car il s'y joue à chaque instant et toujours l'honneur, le bien-être et souvent la vie des fabricants. L'industrie manufacturière est une horrible mêlée où chacun cherche à tuer pour n'être pas tué. En vain un manufacturier déplore-t-il le mal qu'il fait par ses opérations de concurrence ; en vain sait-il qu'un rabais qu'il va faire peut plonger plusieurs familles dans la misère ; il est forcé d'opérer ce rabais : s'il ne le fait pas, c'est lui qui périra, c'est sa famille qui sera victime, c'est son avenir qui sera perdu. Il faut qu'il frappe, sinon il sera frappé. Le ressort le plus énergique de ce combat à outrance est le capital : la fortune se met du côté du manufacturier grand capitaliste, de même qu'à la guerre, elle se met du côté des gros bataillons.

Lorsqu'un manufacturier grand capitaliste se lance dans la concurrence d'écrasement, il renverse, il anéantit tous ses rivaux moins riches que lui, et si, accidentellement, on trouve quelques exceptions, ces exceptions honorables ne sont dues qu'à des efforts surhumains, à des prodiges de ténacité, d'ardeur, d'intelligence, de la part du pauvre manufacturier qui a soutenu la lutte contre le grand manufacturier. Ces exemples ne doivent donc pas entrer en ligne de compte.

Le manufacturier riche capitaliste se passe d'intermédiaires, et il cumule à la fois les bénéfices du commerçant et ceux du producteur. Le petit manufacturier ne peut pas en faire autant. Il arrive souvent que le fabricant capitaliste fait, comme commerçant et capitaliste, des bénéfices tels qu'il peut renoncer volontairement à son bénéfice légitime comme fabricant. Il hésite d'autant moins à en agir ainsi, qu'au moyen de cette manœuvre il est certain d'écraser, de ruiner complètement son concurrent non-capitaliste, et de passer pour un homme fort habile.

D'ailleurs le riche manufacturier achète directement et en gros ses matières premières; il les achète au producteur même, en ayant soin de profiter du moment où celui-ci, étant emcombré et ayant besoin d'argent, est pour ainsi dire forcé de les donner à vil prix.

Tandis que le manufacturier non-capitaliste est obligé, pour se procurer des matières premières, de s'adresser au commerçant capitaliste, lequel a déjà exploité le producteur de ces matières premières en les lui achetant comptant, mais à vil prix, et ne les revendant, ensuite à crédit, qu'à des conditions tellement onéreuses que le petit fabricant est dans l'impossibilité absolue de lutter avec son riche concurrent. C'est là, pour le petit manufacturier, une première cause d'infériorité qui suffirait seule pour l'écraser.

Un fait analogue se présente à la vente des produits manufacturés. Le riche capitaliste se passe encore une fois d'intermédiaires; il vend directement au consommateur, et réalise ainsi tous les bénéfices de la fonction commerciale. Ayant des capitaux en abondance, il n'a jamais besoin de sacrifier ses produits; il tient la main et attend le moment favorable;

il est donc toujours certain de vendre au plus haut prix possible.

Le petit manufacturier, au contraire, n'est point assez riche pour avoir des représentants; il n'est pas assez connu pour être en relation directe avec le consommateur; d'ailleurs il ne peut attendre le moment favorable de la vente; il ne peut pas emmagasiner ses produits, car il faut que tous les jours il paie ses ouvriers, ses loyers, l'entretien de ses machines. Pour lui la vente est forcée; l'intermédiaire qui le sait ne vient à lui qu'avec des offres au rabais et l'exploite sans pitié. En affaires, c'est duperie ou niaiserie que d'avoir du cœur.

Quoi qu'il fasse, le petit manufacturier ne peut éviter la ruine. Une ressource lui reste cependant encore : il peut recourir à la fraude; et trop souvent, hélas! il y a recours.

Les Agences communales font disparaître l'infériorité du petit manufacturier, et rétablissent l'égalité de conditions entre les gros et les petits capitaux.

En effet, si les producteurs de matières premières trouvent un crédit facile et peu coûteux par le dépôt de leurs produits, sur lequel ils reçoivent une avance de la Banque d'État, il est clair que ces producteurs, n'ayant plus besoin de vendre, attendront le moment de la consommation, et n'auront pas à subir l'exploitation de la spéculation capitaliste.

Or, comme chaque colis de matière première porte le prix marqué par le producteur, il en résulte que le petit fabricant qui n'achète qu'un colis paiera ce colis aux mêmes prix et conditions que le grand fabricant qui achèterait cent colis. — Première égalité entre eux.

D'un autre côté, le petit fabricant, trouvant à son tour du crédit sur ses produits manufacturés, et étant mis directement en relation, et sans frais, avec tous les consommateurs, n'a plus besoin de sacrifier ses produits pour en hâter la vente, ni de se ruiner en frais de représentation hors de toute proportion avec le peu d'importance de sa fabrication. — Seconde égalité.

Cette égalité entre les grands et les petits capitalistes s'étend plus loin encore; car, que le grand manufacturier dépose cent colis, ou bien que le petit manufacturier n'en dépose qu'un seul, tous ces colis seront traités sur le pied de l'égalité; leurs échantillons, leurs procès-verbaux seront exposés aux mêmes conditions. Tous les consommateurs seront donc à même de connaître les produits du petit fabricant tout aussi bien que ceux de son riche concurrent.

Par conséquent, toutes les conditions matérielles de fabrication étant désormais égales pour tous, la concurrence et la lutte ne peuvent plus exister que sur le terrain de l'intelligence et de la science. Cette lutte-là, notre croyons utile qu'elle soit maintenue.

Grâce aux Agences communales, quiconque a du talent est SÛR de se faire un nom. SI UN PETIT MANU-

FACTURIER FABRIQUE AVEC PLUS DE PERFECTION OU A DE MEILLEURES CONDITIONS QUE SES CONCURRENTS, *les manufacturiers capitalistes*, C'EST LUI QUI ACQUERRA LA PRÉPONDÉRANCE, C'EST LUI QUI AURA LA VOGUE.

Ce ne sera donc plus le plus riche qui fera la loi, mais bien celui qui fabriquera le mieux; c'est justice.

Nous pouvons maintenant le dire : l'Institution des Agences communales est profondément morale, véritablement démocratique, en ce sens qu'elle est surtout favorable aux petits producteurs, car elle les fait participer aux avantages dont les gros capitalistes ont seuls joui jusqu'à ce jour. Comme il y a au moins dix petits manufacturiers contre un riche, cette Institution est évidemment favorable à la grande majorité des industriels.

A tous ces avantages, nous devons ajouter la suppression immédiate de la vente à terme, et par conséquent la suppression de tous les faux-frais, de tous les embarras qu'elle entraîne et de toutes les chances de perte qui résultent des crédits aventurés (1).

Enfin, la suppression de la vente à terme aurait pour résultat de RENDRE LA FAILLITE ABSOLUMENT IMPOSSIBLE; la faillite, ce monstre qui trouve tou-

(1) Ces faux-frais et pertes s'élèvent souvent à un chiffre très-considérable. Nous pourrions citer telle maison à Marseille qui, obligée de vendre à terme, ne peut négocier son papier qu'à 5, 10, 15 pour 100 de perte et plus, ce qui l'oblige ou à se ruiner ou à augmenter inutilement le prix des produits.

jours son heure pour dévorer le fruit du travail de toute une vie manufacturière.

La suppression de la faillite suffirait seule pour rendre inévitable la fondation des Agences communales ; car, non-seulement la faillite est une cause perpétuelle de ruine et d'appréhension pour tous les créanciers, mais encore elle est une des causes les plus énergiques de la hausse des produits.

En effet, tout producteur sage est obligé de prévoir l'éventualité de la faillite ; il doit donc augmenter le prix de ses produits de toute la somme qu'il prévoit devoir perdre par la faillite.

Or, comme tous les fabricants prennent cette précaution, les produits subissent une augmentation qui serait sans motifs si la faillite pouvait ne plus exister ; la vente s'augmenterait donc par suite de cette diminution.

Si les Agences communales, ainsi que nous l'avons démontré précédemment, rendent impossible tout laissé-pour-compte, tout rabais injuste, toute liquidation forcée et mensongère ; si, de plus, elles rendent la faillite impossible, elles suppriment donc presque toutes les causes des procès de commerce.

Or, les procès sont une des plaies de la production : ils tendent encore à augmenter les prix de vente ; ce serait donc faciliter la consommation que de les rendre impossibles.

La suppression des procès et de la faillite résultant nécessairement de l'Institution des Agences communales, ce double bienfait serait suffisant pour lui concilier les suffrages de tous les manufacturiers et de tous les agriculteurs.

GARANTIE DU DROIT D'INVENTION.

Il n'existe aujourd'hui aucune garantie vraiment sérieuse en faveur des inventeurs : le brevet d'invention n'est pour eux qu'une cause plus souvent nuisible qu'utile.

L'inventeur se ruine en essais de toutes sortes, il use son temps, il s'épuise dans les veilles, et lorsqu'enfin il a trouvé un procédé nouveau, utile à la société tout entière, cette société, au lieu de récompenser cet inventeur, lui inflige une pénalité pour le punir du succès de ses travaux. Tout inventeur qui prend un brevet d'invention est condamné, au minimum, à 500 francs d'amende, et, au maximum, à 1,500 fr., prix d'un brevet.

Si, au moins, le brevet d'invention était de quelque utilité, s'il garantissait à l'inventeur la propriété de son invention et le privilège de son exploitation! mais il n'en est rien.

En effet, lorsqu'un inventeur prend un brevet, il est obligé de donner dans les plus grands détails ses procédés de fabrication; il faut qu'il les accompagne de dessins, de textes explicatifs, etc.; tous ces détails sont publiés à l'instant dans le bulletin des lois, et sont ainsi à la merci d'une nuée d'hommes de proie dont la profession consiste à enrichir l'étranger des procédés de nos inventeurs.

Non-seulement l'inventeur est dépouillé des fruits de son invention par la publicité de ses procédés, mais il l'est bien plus encore par la difficulté qu'il éprouve à empêcher les contrefaçons clandestines (1) lors même que son invention serait incontestable, et qu'il lui serait légalement possible d'agir avec vigueur et sécurité contre les contrefacteurs ; ce droit de l'inventeur rencontre tant de difficultés, de dangers et de longueurs ; il entraîne tant de frais judiciaires ; les indemnités à payer aux contrefacteurs lorsqu'on n'a pas pu fournir la preuve matérielle, évidente de la contrefaçon, sont tellement considérables ; que les inventeurs préfèrent souvent renoncer aux illusions du privilège donné par le brevet d'invention, cacher leurs procédés, et travailler clandestinement, malgré tous les inconvénients de ce mode d'exploitation de leur invention. Aujourd'hui le brevet d'invention n'est le plus souvent qu'un moyen de *réclame* pour des industries sans importance.

Cette malheureuse situation a attiré l'attention des penseurs, mais jusqu'à ce jour les moyens proposés

(1) Contrefaçons qu'il est presque impossible de prouver ; car il est bien rare qu'un contrefacteur ne découvre pas après coup quelque ancien brevet expiré, ou bien qu'il ne puisse dépouiller l'inventeur sous le prétexte d'une modification quelconque apportée aux procédés constituant l'invention.

ont été incomplets ou inapplicables. Parmi les publicistes qui se sont le plus occupés de cette grave question, monsieur Jobard, de Bruxelles, est, suivant nous, celui qui a le plus approché de la véritable solution : il a parfaitement vu que, si tout produit portait le nom de son producteur, il en résulterait une extrême facilité pour conserver les droits de l'inventeur; mais il a vu aussi que la marque de fabrique entraînait avec elle, ainsi que nous l'avons déjà suffisamment développé, une foule d'avantages très-importants, tels que : suppression de la fraude, modération dans les prix, relations de plus en plus directes entre le producteur et le consommateur.

Il n'a manqué à M. Jobard qu'une seule chose pour avoir trouvé la réforme intégrale du commerce : il a omis le mécanisme de l'Agence communale; il a maintenu l'organisation actuelle du commerce; or cette organisation, fondée sur le morcellement, la lutte, la concurrence et surtout sur la spéculation, a pour résultat obligé, fatal, la fraude et le mensonge; car il n'est pas possible, sans changer toute la législation, sans se livrer à une inquisition de tous les instants, d'opérer la surveillance des produits dans les domiciles privés; et, malgré l'arsenal de moyens légaux que M. Jobard a dû imaginer pour conserver l'efficacité de la marque de fabrique, il est permis de supposer que cette efficacité disparaîtrait dans l'application.

La marque de fabrique ne peut être efficace qu'à

la condition d'une surveillance facile, peu coûteuse et incessante; qu'à la condition que la fonction commerciale ne soit sollicitée au mal ni par la concurrence, ni par le secret des opérations. Il faut qu'un fabricant de mauvais produits ne puisse en aucun lieu du monde vendre ses produits sous le nom d'un fabricant de bons produits.

Nos lecteurs savent que les Agences communales remplissent parfaitement ces conditions et donnent ces résultats; avec elles, pas n'est besoin de lois nouvelles pour réprimer la fraude : la fraude ne se fait nulle part, tout simplement parce qu'elle est IMPOSSIBLE. Trouver le moyen de rendre le vol impossible vaut bien mieux que d'instituer des juges et des gendarmes, de faire des lois sévères et de construire des prisons perfectionnées.

Examinons plus spécialement la garantie qu'il est possible de donner à l'inventeur.

Lorsqu'un producteur aura fait une invention et qu'il en aura obtenu le brevet, avis en sera donné à toutes les Agences communales de France, qui dans leurs circonscriptions donneront la plus grande publicité à la prise du brevet (1); les réclamations con-

(1) Il est facile de concevoir que les experts de toutes les Agences peuvent former autant de conseils consultatifs dont l'opinion pourrait faire loi en cas de réclamation : ces jugements-là seraient plus sûrs que ceux rendus aujourd'hui par nos tribunaux, puisqu'ils seraient rendus par des hommes compétents.

tre la prise du brevet ne seront reçues que pendant un certain temps, trois mois par exemple, passé lesquels elles ne seront plus admises.

En cas de réclamation, il interviendra un jugement. Enfin, après que les droits de l'inventeur auront été bien reconnus et bien constatés, aucune Agence de France, ni même aucune Agence correspondante de l'étranger, n'admettra un produit semblable au produit breveté pendant toute la durée du brevet. Ce simple refus d'accepter sera suffisant pour constituer un privilège cent fois plus efficace, cent fois plus avantageux que les pénalités les plus sévères. Avec ce refus, l'inventeur n'aura plus à craindre ni procès ni contrefaçon.

En effet, du moment que, par suite d'un brevet, les Agences communales refuseraient de recevoir un produit semblable au produit breveté, le contrefacteur serait forcé, pour écouler ses produits, de passer par les mains des intermédiaires, suivant le mode actuel du commerce. Mais, comme cette opération serait entachée d'une certaine infamie, il est évident que les intermédiaires (si toutefois des hommes pouvaient encore se résigner à faire ce métier) exigeraient un bénéfice très-considérable; il en résulterait que les produits contrefaits, ne pouvant s'écouler que par l'ancien système commercial, qui est infiniment plus coûteux que le nouveau, ne pourraient nullement faire concurrence aux produits brevetés.

Ajoutons que le consommateur, garanti contre toute fraude par la marque d'origine, et assuré du véritable prix de fabrique par le procès-verbal des experts des Agences communales, donnera *indubitablement* la préférence au produit breveté qui lui parviendra par les Agences, et qu'il repoussera celui que le commerce ordinaire tenterait de lui faire accepter. Une baisse de prix considérable n'aurait même pas la puissance de le séduire ; car, sachant que le contrefacteur est obligé de supporter des frais bien supérieurs à ceux des Agences communales, il en conclurait immédiatement que la qualité du produit qu'on lui offre est mauvaise, et il n'en voudrait à aucun prix.

Les Agences communales donnent donc une garantie absolue et complète à l'inventeur en lui conservant un privilège exclusif pour la vente des produits de son invention. Elles ne sont pas moins utiles à ceux qui, sans faire une invention proprement dite, renouvellent ou modifient d'anciens procédés, d'anciens modèles, d'anciens dessins, d'anciennes étoffes.

Cette espèce d'exhumation ne constitue point une invention, et tout producteur peut en toute liberté imiter un confrère qui aurait eu la première idée de ce retour à un ancien procédé. Or, cette opération, lorsqu'elle est faite avec intelligence et en temps opportun, peut donner la vogue à une étoffe, à un objet de luxe, et produire un très-grand bénéfice à celui qui en a eu la première idée. Il est donc très-important de pouvoir profiter de cet avantage, ce qui est presque impossible aujourd'hui, car il faut garder le plus grand secret et se soumettre à mille entraves pour empêcher l'imitation, soit à l'intérieur, soit à l'étranger, et le plus souvent même on n'y réussit pas.

Prenons pour exemple la fabrication d'une étoffe de soie. Un fabricant d'étoffe a-t-il renouvelé un ancien dessin ou une ancienne disposition, il fournit un échantillon à un intermédiaire qui d'abord exige ordinairement le monopole et surtout qui impose au producteur des conditions dures. Toute l'opération dépend alors de cet intermédiaire; il tient entre ses mains le sort du producteur, ce dernier n'y peut rien. Si l'intermédiaire est riche, bien posé, intelligent; s'il a de bonnes relations à l'étranger, le producteur obtient quelques commissions importantes. Mais, pour une seule chance favorable, combien de fois arrive-t-il que les produits ne se vendent pas et que le fabricant en est pour ses frais de mise en train! Combien de fois est-il payé par la faillite, par les rabais, par les retours, par les laissés-pour-compte! Combien de fois ses dessins lui sont-ils dérobés et imités à l'étranger avant qu'il ait pu lui-même livrer une seule pièce! Combien de fois arrive-t-il que, par la faute de l'intermédiaire, une idée heureuse et qui eût pu faire la fortune du producteur n'est pour luiqu'une cause de ruine!

Ce mode, d'ailleurs, a encore deux autres inconvénients bien graves : en premier lieu, les bénéfices prélevés par les intermédiaires élèvent tellement le prix des produits, que la masse des consommateurs n'y peuvent atteindre, ce qui est une perte évidente pour le producteur; en second lieu, quels que soient l'activité, le zèle, les nombreuses relations des intermédiaires, ils ne peuvent jamais faire arriver le produit à la connaissance que d'un petit nombre de consommateurs; la grande majorité n'en entend seulement pas parler.

Aucun de ces inconvénients n'existe avec les Agences communales; celles-ci donnent au producteur satisfaction entière à tous ses droits.

En effet, supposons qu'un fabricant d'étoffes de soie ait restauré une ancienne disposition d'étoffe, ou un ancien dessin; il apportera des échantillons de ce produit à l'Agence communale de sa localité, laquelle fera expédition de ces échantillons à toutes les Agences correspondantes qui lui auront été désignées par le fabricant. Chacun de ces échantillons sera accompagné du nom du fabricant, de la désignation de la qualité, et enfin du prix de vente. Puis, à un jour déterminé d'avance, toutes les Agences à la fois mettront en exposition les susdits échantillons; de sorte qu'au même jour et à la même heure tous les consommateurs auront connaissance du nouveau produit, sans que le secret du fabricant ait été trahi. Si le produit est de belle qualité, s'il se donne à bon marché, s'il plaît, celui qui a eu l'heureuse idée de le lancer de nouveau dans la circulation pourra recevoir toutes les commandes possibles avant qu'aucune imitation ait pu être faite. Il arrivera même fréquemment que le fabricant recevra des commandes assez nombreuses pour alimenter pendant longtemps sa manufacture. Or, s'il continue à bien fabriquer, s'il fait jouir le consommateur de tous les avantages possibles, son nom ayant été le premier connu pour ce produit, il conservera la préférence du public. C'est ainsi que la supériorité du mode commercial nouveau sur l'ancien système se manifeste encore une fois d'une manière éclatante.

CONSÉQUENCES SPÉCIALES DES AGENCES COMMUNALES POUR L'AGRICULTURE.

Nous avons déjà démontré que la Banque d'État, mettant le crédit à la portée du meuble et de l'immeuble à conditions égales (c'est-à-dire moyennant 3 pour 0/0 d'intérêt), délivrerait ainsi l'agriculture d'une de ses plaies les plus cruelles, l'USURE.

Nous avons déjà dit que l'intérêt de 3 pour 0/0 prélevé par la Banque d'État, et la commission prélevée par les Agences communales en faveur de l'État, formant une recette employée en totalité à dégrever les impôts, l'agriculture serait, en outre, grandement soulagée, sinon complètement débarrassée de la charge si pesante de l'impôt foncier. Mais ce n'est pas à cela que se bornent les avantages offerts à l'agriculture par les Agences communales.

Jusqu'à ce jour on a attribué uniquement la misère qui dévore nos agriculteurs, les plus pauvres de l'Europe, à l'exagération des impôts et à l'avidité de l'usure; certes la funeste influence de l'impôt ne peut être niée, mais il existe une troisième cause à la misère, plus funeste à elle seule que les deux autres ensemble, C'EST LA FONCTION COMMERCIALE, qui, par ses fraudes, ses accaparements, ses spéculations, absorbe avec une incroyable activité, tous les fruits du travail de l'agriculteur.

Le producteur agricole, plus encore que le producteur manufacturier, a besoin de capital, et c'est encore le commerce qui le lui fournit, de la même manière qu'aux manufacturiers, c'est-à-dire que, profitant de sa misère et de son besoin de capital, il obtient à vil prix ses denrées en échange d'un peu d'argent.

Le commerce ne nuit pas seulement à l'agriculture en amenant l'avilissement du prix des denrées, il lui est peut-être plus nuisible encore par la fraude, par la falsification : car les produits mélangés, dénaturés, quelquefois même créés de toutes pièces, se vendent sous le nom des produits les plus estimés; alors le consommateur dégoûté cesse de demander le produit; le producteur, ne trouvant plus d'écoulement, encombre bientôt tous les magasins, et le résultat de l'encombrement est encore l'avilissement des prix poussé à l'extrême.

On ne peut se dissimuler que l'influence de la fonction commerciale sur l'agriculture, bien qu'elle ait été rarement signalée jusqu'ici, est infiniment plus pernicieuse que l'usure ou la surcharge des impôts. A ce point de vue, l'établissement des Agences communales sera encore un immense bienfait.

En 1848, au moment le plus cruel de la débâcle industrielle, un grand propriétaire de vignobles avait besoin de 100,000 francs, et il ne pouvait se les procurer. Il alla jusqu'à offrir de vendre son vin à moitié prix ; c'est-à-dire de donner 200,000 fr. de vins pour recevoir 100,000 fr. en argent ; et, malgré ce sacrifice ruineux, il ne put décider aucun capitaliste à faire ce marché.

Si les Agences communales eussent existé, ce propriétaire n'eût point été obligé de sacrifier ses vins ; il les eût déposés à l'Agence de sa commune ; la Banque d'État lui eût avancé, sur ce dépôt, les 100,000 fr. dont il avait besoin, et, moyennant l'intérêt de 3 pour 100, il eût pu attendre le moment de la consommation pour vendre son vin à un prix raisonnable.

Le fait que nous venons de citer se reproduit constamment et pour tous les producteurs agricoles de France : pressés par le besoin d'argent, ils sont forcés de s'en procurer à tout prix en sacrifiant leurs denrées, et ce sacrifice devient d'autant plus grand qu'il y a une récolte plus abondante.

Au moyen des Agences communales, les agriculteurs ne seraient plus forcés de vendre prématurément ; recevant de la Banque d'État une avance sur le dépôt de leurs denrées, ils pourraient attendre le moment favorable.

Alors en cas de récoltes abondantes, un vigneron, loin d'être ruiné par cette abondance, entreposerait son vin à l'Agence, il emprunterait sur ce dépôt, il attendrait pour vendre, et les Agences communales offriraient les mêmes avantages aux producteurs de 5 ou de 10 barriques qu'aux grands propriétaires.

Débarrassée de ces entraves, affranchie du joug de l'usurier, exonérée des charges qui l'accablent aujourd'hui, aidée et soutenue par les Agences communales, l'agriculture pourrait se développer largement et enrichir ses travailleurs, à qui elle donnerait enfin le bien-être, que fort peu d'entre eux connaissent aujourd'hui; alors ils pourraient perfectionner les moyens de culture et augmenter immensément la production. Cet heureux changement réagirait nécessairement sur l'industrie manufacturière, qui atteindrait bientôt au plus haut degré de prospérité, car elle aurait trouvé 26 ou 27 millions de nouveaux consommateurs.

Mais les Agences communales n'ont pas seulement pour propriété la réforme de la fonction commerciale; elles renferment encore en germe une foule d'autres conséquences fécondes.

Les Agences communales peuvent former entre elles des associations. Elles peuvent établir dans chaque canton des moulins perfectionnés qui fourniraient d'excellentes farines, sans rapines, sans fraudes, au lieu des farines pierreuses et grossières d'où résulte l'affreux pain noir qui est la seule alimentation du travailleur agricole.

On peut supposer la création d'ateliers de distillerie et de vinaigrerie pour les pays vignobles, où ces manutentions s'accompliraient à très-bas prix.

Pour les pays fournissant des graines oléagineuses, on pourrait établir des presses hydrauliques de haute puissance, lesquelles, pour une somme modique, extrairaient toute l'huile sans aucune perte et surtout sans aucune fraude.

Il serait fastidieux d'entrer dans mille détails de ce genre, mais on peut concevoir facilement la possibilité d'étendre ces avantages à l'infini. En effet, les Entrepôts peuvent louer aux cultivateurs pauvres des instruments de travail perfectionnés ; ils peuvent s'associer ensemble pour créer des chemins vicinaux, des canaux d'irrigation, des reboisements, des endiguements, des fermes-modèles. A tous ces bienfaits, qui résulteront de l'Institution des Entrepôts communaux, viendront s'ajouter les bénéfices que le cultivateur obtiendra par l'achat à bon prix, avec garantie de qualité, des objets de consommation en s'adressant aux Entrepôts communaux, qui pourront les acheter en gros, et les lui revendre au détail à prix coûtant, sauf une légère commission.

Mais ce qui est encore très-important, c'est que les Agences communales rendent extrêmement facile la réalisation d'un vaste système d'Assurances générales contre toute espèce de sinistres.

Il y a longtemps que les bienfaits d'un vaste système d'Assurances préoccupe les bons esprits (1) ;

(1) On peut, sur cette intéressante question, consulter l'excellente brochure de M. Raoul Boudon publiée, en 1840, sous

le succès exorbitant des compagnies d'assurances (qui prélèvent, chaque année, sur la population, des sommes considérables), a donné l'idée de charger l'État de ce service, et de le doter de cette branche de revenu avec d'autant plus de raison que l'État seul peut offrir des garanties suffisantes. Tout le monde a su apprécier ce qu'il y avait de cruel et de douloureux au contraste annuellement offert de contrées favorisées par tous les dons de la Providence, tandis que d'autres, soumises aux fléaux atmosphériques, se trouvaient plongées dans la ruine et dans la désolation.

La nécessité d'établir la solidarité entre tous les hommes a frappé de plus en plus les consciences; on comprend que tous doivent souffrir, ou tous doivent prendre part au bien-être.

Malheureusement, comme toujours, on a bien reconnu la justesse et la justice de cette idée, on n'a pas pu nier les bienfaits qui découleraient d'une pareille Institution, mais on a reculé devant la mise en pratique de l'idée féconde. Et pourquoi? Parce qu'il y aurait, parce qu'il y a quelques obstacles à vaincre! Le gouvernement, lui, a repoussé l'idée parce qu'elle est trop entachée de l'esprit nouveau qui agite le monde, et qu'il est admis en haut lieu que toute idée nouvelle doit être repoussée. D'un autre côté

ce titre : *Organisation unitaire des Assurances*. A la librairie phalanstérienne, quai Voltaire 25. Prix : 1 fr.

quelques esprits timides ont craint que la masse de la population ne considérât la prime d'assurance comme un impôt nouveau, et qu'elle se refusât à la payer.

Ainsi, d'un côté, l'incurie proverbiale des gouvernements livrés à l'égoïsme et aux douceurs du *laissez-faire et laissez-passer;* de l'autre, quelques craintes puériles empêchent d'établir cette bienfaisante Institution qui, moyennant une légère prime annuelle, mettrait pour toujours l'individu à l'abri de tous les sinistres possibles!

Il est clair que les Agences communales et la Banque d'État, donnant le crédit au meuble et à l'immeuble, pourraient facilement prélever, sur l'intérêt du capital ou sur la vente des produits, une légère prime d'assurance à peine sensible pour l'individu, et qui suffirait pour le mettre à l'abri des éventualités.

Moyennant une prime unique, tout agriculteur pourrait être assuré :

Contre l'incendie;

Contre l'inondation;

Contre la gelée;

Contre la grêle;

Contre l'épizootie.

Il pourrait aussi, moyennant une prime spéciale, et par une extension du système, contracter une assurance :

Sur la vie,

Contre la maladie,

Contre les infirmités de la vieillesse, etc.

Le fait seul de ces assurances serait un avantage immense pour les agriculteurs; mais, pas plus que le mal, le bien ne vient jamais seul.

Les primes à percevoir par l'État étant destinées à rembourser des pertes éventuelles, il est clair qu'on en fixerait le prix de manière que, les frais et les risques payés, il restât un excédant des recettes sur les dépenses; cet excédant constituerait un bénéfice, une ressource nouvelle pour l'État. Ainsi, au nom même de l'intérêt du Trésor, qui est le même que l'intérêt général, l'État sera tôt ou tard amené à provoquer lui-même l'Institution que les novateurs seuls demandent aujourd'hui.

Quand les Assurances seront dans la main de l'État, tous les efforts devront tendre, et tendront en effet, à prévenir les sinistres afin que les sommes à payer comme indemnités soient inférieurs aux recettes. Dans ce but, de grandes mesures devront être prises, de grands travaux exécutés; car souvent de simples, de minimes précautions, prises à temps, pourront conjurer de grands malheurs; le gouvernement devra donc être prévoyant et intelligent dans sa prévoyance. Ce sera son intérêt.

Ainsi il encouragera l'étude des accidents atmosphériques; par exemple, reconnaissant que le déboisement des montagnes est une des causes des inondations, il entreprendra des reboisements sur une grande échelle ; et, en outre, il fera soigneusement endiguer les cours d'eau.

Afin de prévenir les épizooties et les maladies contagieuses, il enseignera et au besoin il exigera certaines conditions hygiéniques pour les constructions destinées aux bestiaux.

Par suite des Assurances sur la vie, il aura aussi grand intérêt à prolonger la vie des hommes le plus possible : il sera donc amené à veiller à la salubrité de nos maisons d'habitation.

En un mot, l'État, aujourd'hui si apathique, si indifférent aux souffrances du peuple, entrera en pleine solidarité avec lui, conduit par le mobile de son propre intérêt, et il prendra enfin le rôle qui lui appartient, le rôle tutélaire de guide pour toute espèce d'améliorations salutaires.

MOYENS DE PRÉVENIR LES DISETTES.

Dans les pays d'Europe, les disettes absolues, c'est-à-dire le manque absolu des denrées de première nécessité, sont heureusement fort rares; la disette ne se manifeste guère que par une hausse considérable sur les prix, résultat naturel d'une certaine rareté de ces denrées. Or, on ne saurait trop le répéter, ces hausses de prix, si cruelles, si meurtrières pour les classes pauvres, sont encore un des fruits de la mauvaise organisation commerciale.

En effet, les commerçants, ayant intérêt à dissimuler la vérité, il devient presque impossible à l'État de connaître au juste ce qu'on appelle en style de commerce les *existences* en denrées alimentaires. Le commerce veut-il acheter? il simule un trop-plein et une abondance qui n'existent pas; il trompe ainsi les détenteurs de matières premières, et il achète au rabais. Veut-il vendre? il simule la rareté et le déficit, afin de vendre plus cher. Au milieu de ce conflit de mensonges, il est impossible que l'État sache ce qui en est, qu'il connaisse le véritable état des choses. Aussi arrive-t-il souvent qu'une denrée n'existe pas en quantité suffisante au moment même où les avis officiels annoncent qu'elle est abondante, ou même qu'il y en a trop. Plus souvent encore le gouvernement croit à un déficit quand les denrées sont, au contraire, en quantité suffisante.

Nous citerons un exemple récent et mémorable, qui s'est produit en 1846.

A cette époque, égaré par de faux renseignements, contre-coup de la disette de l'Angleterre, le gouvernement, après avoir longtemps hésité, finit par croire à un grand déficit sur la quantité de grains nécessaire à notre consommation. Ce fut donc le gouvernement qui répandit officiellement l'alarme. De son côté, la fonction commerciale, affectant l'épouvante et surexcitant la peur, aggrava considérablement le mal. Chacun, se croyant à la veille de mourir de faim, enfouit ou cacha son blé, comme deux ans plus tard, après Février, chacun s'empressa de cacher son or et son argent. La panique gagnant de proche en proche tous les esprits, chacun voulut s'approvisionner dans le plus bref délai. Cet empressement des peureux à acheter du blé de tous côtés, les manœuvres du commerce aidant, produisit en très-peu de temps une hausse de plus de 50 p. 100. Chose incroyable ! on vit, dans nos ports, des blés, venus de l'étranger, être vendus et revendus tant de fois, avant même leur débarquement, que les seuls courtages de ces ventes s'élevaient plus haut que le prix d'achat.

D'un autre côté, les frais de transport triplèrent

et quadruplèrent ; si bien que le prix moyen du blé s'éleva tellement dans toute la France, que sa consommation devint impossible au plus grand nombre.

Puis, lorsqu'on arriva au moment de la récolte nouvelle, on reconnut que la panique n'avait eu aucun fondement sérieux ; et pourtant le blé avait doublé de prix !

Un mois avant la récolte, tous les magasins étaient encombrés par les blés achetés à si grands frais à l'étranger ; aussi y eut-il alors une baisse de 50 pour 100.

De deux choses l'une : ou le blé avait manqué réellement, et dans ce cas le gouvernement, en jetant trop tard le cri d'alarme, avait rendu impossible un approvisionnement régulier et en temps opportun ; ou bien il y en avait en suffisante quantité, et alors le gouvernement et le pays avaient été victimes d'un mensonge.

Ces erreurs et ces mensonges disparaîtraient sous le régime des Agences communales.

En effet, sous ce régime, les denrées déposées par les agriculteurs dans les magasins de l'Agence (1),

(1) Il est certain que toutes les denrées d'une localité, même celles destinées à la consommation des agriculteurs eux-mêmes, seront déposées dans l'Agence communale. Il y a à cela deux motifs : d'abord, l'agriculteur sera bien aise, moyennant la très-minime commission perçue par l'Agence sur les denrées de première nécessité, de se débarrasser des soins de la récolte ; ensuite, il aura acquis la certitude, par ce qu'il aura vu, que ses denrées sont beaucoup mieux logées

on conçoit qu'aussitôt après la récolte, l'État pourrait être instruit, à un hectolitre près, des ressources de la France; une simple balance de l'entrée et de la sortie dans chaque Agence donnerait la quantité exacte des approvisionnements en magasin.

Par ce moyen le gouvernement, agissant d'après des renseignements absolument certains, pourrait prendre ses résolutions en temps opportun, et l'on ne verrait pas se reproduire les scandales de 1846.

La possibilité de prévoir les éventualités et de connaître l'état réel des choses, doit nécessairement amener la réalisation d'une mesure qui mettrait un terme à toute espèce de chances de disette; nous voulons parler de la création dans chaque Agence de Réserves de denrées.

Organiser des Réserves en temps d'abondance, c'est arriver, du même coup, à l'Assurance contre les disettes, et à la régularisation des prix des denrées de première nécessité; problème absolument impossible à résoudre dans le système actuel, où les prix de vente dépendent du hasard, et où les approvisionnements dépendent des caprices de l'intérêt particulier : c'est-à-dire de la puissance financière et de l'avidité de quelques gros spéculateurs. La science économique suppose que le commerce suffit à toutes les exigences, et que, du moment que le besoin se

que dans ses greniers et surtout qu'elles y seront incomparablement mieux soignées. Sous tous les rapports ce dépôt dans les magasins de l'Agence communale lui sera avantageux.

fait sentir, il en résulte une hausse qui convie le commerçant à spéculer : c'est-à-dire à faire des achats dans les pays de production, pour satisfaire aux besoins manifestés par les consommateurs. Mais qui ne conçoit que des spéculations ainsi faites par de simples particuliers, sont exclusivement dirigées par l'appât du gain et ne se fondent que sur la mobilité de l'opinion publique et non sur des renseignements authentiques! L'opinion se répand-elle qu'il y a disette? vite la spéculation achète et fait hausser les prix; et le plus souvent on ne tarde pas à reconnaître que tout ce mouvement n'avait aucune cause sérieuse.

Lorsque la disette existe réellement, la spéculation achète, il est vrai, du blé à l'étranger; et elle comble ainsi le déficit de la consommation; mais en même temps elle spécule aussi à l'intérieur : elle achète, elle accapare, elle propage les bruits les plus effrayants, tant et si bien que le prix général des denrées s'élève hors de toute raison, et toute cette hausse inutile n'a pas d'autre but que de permettre à quelques particuliers de réaliser d'énormes bénéfices. La fondation des Réserves empêcherait tout ce désordre.

L'agriculteur n'a d'autre but que de vendre ses produits à des prix capables de l'indemniser de ses dépenses, et d'accumuler un mince bénéfice, ses prétentions ne vont pas plus loin; il faut donc que le montant total des denrées produise chaque année cette somme nécessaire au producteur. Or, en supposant que le bénéfice auquel a légitimement droit le producteur soit X : si la récolte est abondante, les prix diminueront jusqu'au point de laisser X pour bénéfice à l'agriculteur ; si, au contraire, la récolte est insuffisante, les prix augmenteront de manière à couvrir les frais du producteur et à lui donner son bénéfice légitime X, auquel il a droit pour son travail.

Ce qui veut dire que si un producteur a besoin de vendre pour 1,200 francs de produits pour couvrir ses dépenses et pour mettre 100 francs de côté par an, le prix de vente des produits devra donner toujours la même somme de 1,200 francs : si les produits sont trop abondants d'un douzième, les prix diminueront d'un douzième ; si, au contraire, il y a un déficit d'un douzième, les prix augmenteront d'un douzième.

De sorte qu'on ne verrait plus l'abominable scandale de 1846. A cette époque, la récolte était en déficit d'un douzième tout au plus (1) : au lieu donc que les prix du blé se soient régulièrement accrus d'un douzième, ils se sont accrus de six douzièmes ; ce qui ne serait pas arrivé s'il y avait eu des Réserves et surtout si les Agences communales avaient empêché la spéculation.

Les fluctuations sur le prix des denrées ne pro-

(1) Ce déficit n'existait même pas.

fitent jamais qu'aux riches, le pauvre y perd toujours.

En effet, les grands propriétaires savent garder leurs denrées en magasin; et ils peuvent ainsi attendre les moments de vente favorables. Si donc la spéculation et la peur amènent une élévation dans les prix, les grands spéculateurs profitent des chances qui leur sont offertes par la fonction commerciale, ils spéculent pour leur propre compte, au lieu et place du commerçant, et ils peuvent ainsi réaliser de grands bénéfices.

Mais les petits propriétaires, les petits fermiers sont à jamais exclus de ces chances favorables; il leur faut toujours vendre leurs denrées au moment des récoltes, c'est-à-dire au rabais.

Les Agences communales seraient donc le plus immense bienfait en faveur de la masse agricole: en ce sens qu'amenant nécessairement l'équilibre du prix des produits avec leur quantité réelle, tout agriculteur pourrait arriver à couvrir ses frais et à économiser un léger bénéfice.

DIMINUTION GÉNÉRALE DU PRIX DES PRODUITS. — AUGMENTATION PROPORTIONNELLE DE LA CONSOMMATION ET DE LA PRODUCTION. — HAUSSE DES SALAIRES.

Les Agences communales et la Banque d'État ne peuvent avoir le droit de s'établir qu'à la condition qu'elles produiront des avantages considérables pour tout le monde. Le peuple tout entier souffre cruellement, les révolutions qui arrivent si fréquemment ne sont qu'un des symptômes de cette souffrance éternelle. Il faut que la réforme du Crédit et du Commerce ait la puissance de mettre un terme à ces souffrances; sinon il faut la rejeter, car alors elle ne serait que du charlatanisme, ou tout au moins une ridicule illusion.

Voici d'où vient la souffrance générale : tout homme a besoin de consommer; il lui faut une bonne et saine nourriture pour entretenir ses forces; il lui faut un vêtement suffisant et commode; il lui faut un abri sain et agréable.

Pourquoi donc les quatre-vingt dix-neuf centièmes des Français n'ont-ils ni aliments, ni vêtements, ni abris suffisants? Parce que leur salaire quotidien est trop faible pour leur permettre la satisfaction de ces premiers besoins de la vie.

Ne pouvant se nourrir, se vêtir et se loger convenablement, ils souffrent; et leur souffrance est d'autant plus aiguë que les salaires diminuant sans cesse, la somme des besoins non satisfaits s'accroît chaque jour jusqu'à ce que mort s'ensuive.

Il est évident que si une réforme quelconque pouvait amener un abaissement du prix des produits, tel, que tout homme pût, par son salaire, se procurer en quantité suffisante tout ce qui est nécessaire à ses besoins, cette réforme serait une révolution pacifique.

Eh bien! les Agences communales et la Banque d'État ont précisément cette propriété.

Aujourd'hui, lorsqu'un consommateur achète un produit, il le paie toujours plus cher que ne l'a vendu le producteur; or, l'élévation du prix est d'autant plus considérable que ce produit a passé par un plus grand nombre de mains pour arriver du producteur au consommateur.

Nous avons démontré que les Agences communales, mettant le producteur directement en rapport avec le consommateur, déchargeaient les produits de tous les frais qu'y avaient ajoutés les intermédiaires et les usuriers ou vendeurs de capital.

Les producteurs agricoles, qui, par la Banque d'État, obtiendront le capital à 3 pour 100, au lieu de huit qu'ils paient aujourd'hui en moyenne, pourront diminuer leurs produits. Ce rabais de 5 pour 100 l'an est un rabais énorme, si l'on songe que le plus souvent le producteur a emprunté pour la moitié ou les trois quarts de la valeur de sa propriété.

Prenons un exemple :

Un agriculteur a une propriété de 100,000 francs, qui lui donne, bon an mal an, 10,000 francs de produits ; s'il a emprunté 50,000 francs sur hypothèque à 8 pour 100 avec les frais, il a donc 4,000 francs à payer chaque année. Mais si, au lieu d'emprunter à 8 pour 100, il avait emprunté à trois, au lieu d'avoir à payer 4,000 francs il ne paierait plus que 1,500 francs ; dans ce dernier cas, en vendant ses produits seulement 7,500 il gagnerait tout autant que lorsqu'il les vendait 10,000 francs.

Or, comme tous les producteurs français se trouvent du plus au moins dans le cas que nous venons de citer, on peut concevoir par ce fait seul une prodigieuse diminution dans le prix des denrées.

Nous avons déjà dit que l'intérêt et la commission prélevés par la Banque d'État et les Agences communales seraient tout entiers employés en dégrèvements d'impôts ; il en résulte donc que les produits, matières premières, pourraient être dégrevés de tout ce rabais sur l'impôt.

D'un autre côté, les producteurs agricoles, ayant, par le moyen des Agences communales, la possibilité d'acheter à prix de fabrique et avec garantie de qualité tous les objets de leur consommation (qu'on leur vend aujourd'hui si cher et de si mauvaise qualité), il est clair que, ces objets coûtant moins, et étant meilleurs, par conséquent durant plus longtemps, il en pourra résulter une diminution dans les frais de fabrication et par suite une baisse des prix de vente.

Par tous ces motifs, nous comptons sur une baisse considérable du prix des matières premières.

Cette baisse considérable atteindra également les produits manufacturés, non-seulement par suite des économies que nous venons d'énumérer, mais encore par suite des améliorations apportées dans les procédés de fabrication.

Quelque modération qu'on mette dans l'évaluation de la moyenne des rabais sur tous les produits, il est impossible de ne pas arriver à la fixer, terme moyen, à 40 ou 50 pour 100.

Qu'on suppose (et c'est la supposition que nous faisons), qu'on suppose le maintien des salaires actuels, et alors, cette baisse de 40 à 50 pour 100 sur le prix de toutes choses permettant à tout consommateur, pour la même dépense, de consommer 40 ou 50 p. 100 de produits de plus qu'aujourd'hui, cela équivaudra à une augmentation des salaires de 40 à 50 p. 100.

Avec le système actuel, la production est supérieure à la consommation, par la raison que les produits sont d'un prix trop élevé pour que les consommateurs y puissent atteindre. Et pourtant le besoin de consommer n'a jamais été plus grand, jamais le peuple en général n'a tant souffert de la privation de certains objets.

Quand tous les improductifs seront devenus producteurs, et quand tous les producteurs, convenablement rétribués, auront pu devenir consommateurs, il est certain qu'alors la production, au lieu de dépasser la consommation, sera, pendant longues années encore, au-dessous des besoins. Alors nous serons témoins de phénomènes tout différents de ceux que nous voyons se produire partout aujourd'hui : les ouvriers trop nombreux se font concurrence entre eux pour avoir du travail; ils avilissent ainsi les salaires et tombent tous dans la misère. Notre réforme augmentant considérablement la production, les ouvriers deviendront rares; et l'on sera obligé, pour les attirer, de leur offrir une augmentation de salaire. Bref, ce serait en quelque sorte l'inauguration d'un monde industriel, entièrement nouveau, qui, mettant enfin un terme aux souffrances de tous, étoufferait à jamais les vieilles haines des classes entre elles, et rendrait presque impossible le retour des révolutions.

Quand tous les travailleurs auraient du travail et un salaire suffisant; quand tous les consommateurs seraient en mesure de consommer de bons produits; quand la bienveillance générale aurait remplacé ces haines sourdes ou patentes qu'engendre fatalement la concurrence anarchique dans laquelle nous vivons tous; alors il deviendrait possible, facile même de procéder à des essais en grand des différents systèmes d'organisation sociale qui préoccupent tant les esprits supérieurs et les cœurs généreux. Tout viendrait en aide aux expérimentateurs, et il est probable que de tant d'efforts convergents nous verrions bientôt sortir la solution du problème tant cherché du Bonheur de l'Humanité.

SUPÉRIORITÉ DE LA PRODUCTION FRANÇAISE SUR LA PRODUCTION ÉTRANGÈRE.

Les exportations françaises sont très-bornées, nous vendons peu aux autres peuples; sauf quelques exceptions, nos produits ne peuvent soutenir la concurrence avec les produits étrangers.

Cette infériorité ne provient pas du manque d'intelligence des Français. Quels que soient les défauts du caractère national, on ne peut lui reprocher le manque d'intelligence; aussi la qualité de nos produits est-elle généralement supérieure, sinon égale, aux produits similaires de l'étranger.

Cette infériorité ne provient pas non plus du plus haut prix de la main d'œuvre; la moyenne des salaires français est souvent inférieure à la moyenne des salaires étrangers, elle ne leur est jamais supérieure.

Cette infériorité provient de plusieurs causes que nous allons énumérer :

1° Le trop haut prix des capitaux en France, par suite de la mauvaise organisation du crédit;

2° Le morcellement de la production française, surtout dans la manufacture;

3° Le morcellement de la fonction commerciale ou intermédiaire;

4° La mauvaise foi, qui est devenue trop générale.

Le trop haut prix des capitaux et la mauvaise organisation du crédit sont bien réellement une des causes qui empêchent la production française de soutenir la concurrence étrangère; presque tous les pays d'Europe ont un système de crédit qui donne le capital à des conditions moins onéreuses et surtout plus faciles qu'en France ; il en résulte que, soit dans la production de la matière première, soit dans la production manufacturière, le prix des produits étant augmenté de tous les sacrifices que le producteur est obligé de supporter pour obtenir un capital onéreux, ces produits, ainsi augmentés, ne peuvent être vendus à d'aussi bonnes conditions que les produits étrangers, qui n'ont pas à supporter des frais aussi considérables.

Le morcellement de la production n'a pas des effets moins désastreux. En Angleterre et en Allemagne, la manufacture est organisée en immenses ateliers n'ayant qu'un gérant et une administration réduite au strict nécessaire; ces vastes entreprises roulent sur des capitaux suffisants pour leur permettre l'achat et la vente directs des produits. Il est clair que cette organisation centralisée permet de produire à peu de frais.

En France, au contraire, existe le pullulement le plus exagéré des agents producteurs ; au lieu d'être exercée par grandes masses et par grands capitaux, l'industrie est, en général, entre les mains d'une multitude de fabricants; chacun d'eux fait supporter aux produits ses frais de gérance, le loyer de ses capitaux, ses bénéfices; bien plus, tous ces petits fabricants ne sont pas assez riches capitalistes pour acheter directement leurs matières premières, et pour vendre directement leurs produits manufacturés. Ils établissent donc des intermédiaires pour chaque opération; chacun de ces intermédiaires augmente encore les produits de tous les frais de ses spéculations. Il est donc impossible que les produits français puissent soutenir la concurrence des produits étrangers qui n'ont rien de semblable à supporter.

On ne se rend pas assez généralement compte de la gravité d'une pareille situation; l'habitude de se servir d'intermédiaires s'est tellement intronisée, que les produits ont progressivement augmenté dans des proportions effrayantes pendant que les bénéfices de chaque industriel diminuaient en proportion inverse.

Ainsi pour la librairie, par exemple; autrefois, un libraire était imprimeur et marchand; il embrassait toutes les branches de l'industrie typographique, production et vente; à cette époque les livres valaient la moitié du prix de vente actuel, et les fabricants de livres gagnaient.

Aujourd'hui les libraires se ruinent, les imprimeurs se ruinent, les détaillants se ruinent, les intermédiaires se ruinent; et pourtant les livres se vendent le double : il y a donc là un vice caché.

Ce vice est celui-ci : le nombre des fabricants de

livres s'est élevé dans une immense proportion, et il a fallu que la vente des livres couvrît tous les frais de ces nouveaux venus; puis, par le fait de la concurrence et des embarras d'argent, la porte a été ouverte aux expédients : il a fallu se livrer aux intermédiaires pour l'achat des matières premières, pour la vente des produits, et, le nombre de ces intermédiaires allant sans cesse croissant, les livres ont dû couvrir toutes leurs dépenses.

C'est ainsi que la librairie française ne peut plus vendre ses produits à l'étranger, et qu'elle a tant de peine à supporter la contrefaçon, elle qui la faisait autrefois et qui tenait le premier rang à la foire de Leipzig.

Ce qui se passe pour la librairie se passe de même pour tous les produits français; la mauvaise organisation de la production est donc l'une des causes les plus actives de la décadence de l'industrie française.

Or, tous les producteurs français, tous les intermédiaires dix fois, vingt fois trop nombreux ne peuvent trouver dans la consommation un emploi utile de leurs services, ils ne peuvent tous vendre assez pour couvrir leurs frais et leurs bénéfices; cette situation les conduit à la concurrence à outrance, et cette concurrence conduit directement à la fraude, à la falsification et aux fourberies qui ont déshonoré l'industrie française, qui lui ont donné le coup de grâce.

La France est aujourd'hui, dans le plus grand nombre des cas, hors d'état de soutenir la concurrence contre l'Angleterre, la Belgique ou l'Allemagne.

La réforme du Crédit et du Commerce, rétablissant la loyauté, et donnant une diminution du prix des produits par une meilleure organisation du crédit et par le rappel de la fonction intermédiaire au plus strict nécessaire, suffirait à elle seule (sans tenir compte de la réforme de la production, qui ne peut s'opérer que par l'Association) pour donner aux produits français autant de supériorité sur les produits étrangers qu'ils avaient auparavant d'infériorité.

En effet, nous avons dit que l'on établirait des Agences communales dans tous les pays étrangers dans lesquels nous avons des agents consulaires; ces Agences communales, régies par les mêmes règlements que les Agences de l'intérieur, pourraient être assimilées à une fraction de la mère-patrie transportée à l'étranger : l'Agence communale serait comme une prolongation du territoire français. Si bien que les produits français y étant mis en vente aux mêmes prix et conditions que dans les Agences françaises, c'est-à-dire à prix de fabrique, c'est-à-dire à 50 et même 100 pour 100 de rabais, et avec toute garantie de loyauté, il est évident que ce bas prix donnerait à nos produits un écoulement immense, et que, pendant longtemps, la production ne pourrait suffire à la consommation.

L'Angleterre elle-même, la reine de l'industrie et du commerce, elle qui exploite le monde entier, elle qui prélève annuellement sur tous les producteurs du globe plus de trente milliards pour soutenir le luxe de son aristocratie, l'Angleterre serait vaincue.

Le coton peut nous servir d'exemple pour démontrer à quel point cette réforme serait profonde. Le coton est produit par l'agriculteur des États du sud de l'Union américaine, un premier intermédiaire achète le coton au producteur; il spécule sur cet achat et vend ensuite ce coton à l'armateur de la Nouvelle-Orléans, avec une augmentation correspondant à ses frais et bénéfices. L'armateur de la Nouvelle-Orléans spécule à son tour et vend à l'armateur du Havre avec une nouvelle augmentation de prix. L'armateur du Havre spécule aussi, et expédie le coton, encore augmenté, à un spéculateur de l'intérieur, Mulhouse ou Tarare. Ce spéculateur de l'intérieur spécule, élève le prix du coton, et le vend, toujours avec augmentation de frais, à un filateur.

Ce filateur, manquant d'argent, en proie à l'usure, et en prévision des faillites, ajoute encore aux prix des produits toutes ces éventualités, puis il vend à un intermédiaire spéculateur en fils.

Celui-ci, à son tour, vend au fabricant d'étoffes de coton, et il se couvre encore des chances de faillite, tout en ajoutant au prix du fil ses frais et ses bénéfices comme spéculateur.

Le fabricant d'étoffes vend très-souvent à un nouvel intermédiaire, appelé marchand de blanc, lequel spécule comme les autres et augmente les prix. Ce marchand de blanc vend à l'imprimeur, lequel agit comme les précédents.

Cet imprimeur vend à un intermédiaire établi sur les lieux, lequel revend à l'armateur du Havre; et souvent entre l'armateur du Havre et l'intermédiaire de la localité il existe un autre intermédiaire.

L'armateur du Havre vend à l'armateur de la Nouvelle-Orléans, celui-ci au marchand de l'intérieur, lequel revend enfin la pièce d'étoffe de coton au producteur primitif du coton à des prix fabuleux; car tous les intermédiaires entre le producteur primitif du coton et le vrai consommateur spéculent à qui mieux mieux, et sont ainsi forcés d'augmenter les prix sans limites (1).

Si les Agences communales étaient établies, voici ce qui se passerait.

Les producteurs de coton déposeraient leurs produits à l'Agence des cotons de la Nouvelle-Orléans, en y inscrivant leur marque et leurs prix; alors, de deux choses l'une, ou les villes de consommation françaises auraient déjà transmis des ordres, ou elles n'en auraient point envoyé: dans le premier cas, le coton serait envoyé directement, sans intermédiaires,

(1) Sans doute il y a, à ce mécanisme compliqué, de nombreuses exceptions, car beaucoup de maisons suppriment une partie des intermédiaires, et arrivent ainsi à faire quelques bénéfices, mais nous avons voulu parler du cas assez général de l'industrie morale ne marchant qu'avec des capitaux insuffisants.

de la Nouvelle-Orléans à Tarare ou à Mulhouse; dans le second cas, les échantillons et les prix seraient expédiés à toutes les Agences de consommation qui traiteraient alors sur échantillons.

Le filateur viendrait s'approvisionner au prix marqué par le producteur de coton, dans l'Agence de sa localité; puis, à son tour, le tisseur de blanc y trouverait le fil marqué au prix du filateur; viendrait ensuite l'imprimeur, qui, obtenant le tissu à prix coûtant, le rendrait ensuite, tout imprimé, en y marquant son prix.

Alors l'Agence où aurait été déposé le tissu imprimé en ferait expédition directement à l'Agence de la Nouvelle-Orléans, qui le remettrait, toujours au prix coûtant, au producteur de coton.

Il est impossible, à première vue, de dire exactement à quel point les prix des étoffes de coton pourraient ainsi être réduits; mais quelle que soit la modération qu'on y mette, il n'est pas possible de l'évaluer à moins de 50 pour 100.

Une diminution aussi incroyable donnerait irrésistiblement à la production française un essor sans limites: non-seulement parce que la production française remplacerait la production étrangère; mais, ce qui vaut mieux, parce que la baisse des prix augmenterait la consommation en toute proportion.

Or, si l'on applique à tout autre produit ce que nous venons de dire pour le coton, on obtiendra des conséquences semblables, c'est-à-dire immense diminution de prix, immense augmentation de la consommation, et partant de la production.

Mais, dira-t-on, le rabais que nous signalons est très-probable, il est certain; mais ce rabais, étant obtenu par la suppression des intermédiaires, ce sera un mal aussi grand que sera grand le bénéfice. A cela nous répondons non; cent fois non.

Le mal existe aujourd'hui, il ne peut être nié; les intermédiaires pas plus que les producteurs ne peuvent demeurer dans cette situation : si on n'opère point de réforme, ils sont infailliblement perdus; seulement leur agonie sera affreuse et de longue durée.

Du moment que, sans la réforme, la France succombe : il est évident que, fût-on obligé de sacrifier quelques intérêts, il n'y aurait pas à hésiter, si par ce moyen on parvenait à sauver des intérêts plus précieux.

Mais heureusement il n'y aura personne à sacrifier si la réforme est conduite sagement et largement.

Pour que la réforme soit sage et large, il faut l'instituer à l'intérieur et à l'étranger; mais la commencer surtout en vue de l'étranger.

Si on ne faisait la réforme qu'à l'intérieur, on n'opérerait qu'en vue de trente-cinq millions de consommateurs; et l'extension de la consommation serait trop longue à s'établir pour absorber immédiatement tous les agents intermédiaires dans la production.

Si, au contraire, on établit les Agences immédiatement à l'étranger, la France se trouvera ainsi mise en face de tous les consommateurs du monde, elle pourra pendant longtemps lutter avec toutes les concurrences et les vaincre, jusqu'à ce qu'enfin le bon marché des produits, surexcitant la consommation, tant à l'intérieur qu'à l'étranger, la production ait pu donner un emploi fructueux à tous les capitaux, à tous les agents, à tous les bras.

Les gouvernants, les industriels, les ouvriers ne sauraient trop méditer sur ces questions; elles contiennent des trésors de richesse générale, elles sont la solution de tous les problèmes.

Fasse le ciel qu'on se décide à temps à opérer des réformes aussi faciles et aussi fécondes!

ABOLITION DES DROITS D'OCTROI.

Les Agences communales fournissent un moyen bien simple de supprimer les droits d'octroi, qui sont la charge la plus lourde, l'impôt le plus inique qui puisse accabler les travailleurs des villes : inique en ce que, contrairement à tous les autres impôts, il n'est pas proportionnel à la fortune ; au contraire, il croît d'autant plus que le travailleur est plus pauvre.

En effet, il est connu que l'ouvrier, pour soutenir ses forces, est obligé de consommer une quantité de vin plus considérable que l'oisif : or, comme il est pauvre, il ne peut boire que des vins de mauvaise qualité, peu alcooliques, peu toniques ; il faut donc qu'il en boive une plus grande quantité. Ce n'est pas exagérer que de dire qu'il en boit deux litres, tandis que celui qui ne fait rien n'en boit qu'un ; et cette double consommation est d'autant plus légitime que l'ouvrier, en général, ne mange pas de viande.

Il en résulte qu'un ouvrier paie deux fois plus d'impôts sur le vin qu'un riche capitaliste.

Cette iniquité s'accroît encore de ce que le riche ne paie pas plus sur des vins de 3 à 400 francs la barrique que le pauvre sur du vin de 30 francs. Par conséquent l'ouvrier paie à Paris un droit de 150 pour 100, tandis que le riche ne paie que 15 pour 100. Cette question a paru insoluble jusqu'à ce jour, et la plupart des moyens proposés offrent peut-être autant d'inconvénients que d'avantages. On admet bien, en principe, qu'il est juste, qu'il est équitable que le riche paie plus que le pauvre; mais l'application de ce principe n'est point facile : comment frapper le riche? est-il capitaliste? nul ne peut connaître sa fortune; est-il propriétaire? il s'agit de savoir s'il a des créanciers; doit-il payer pour le montant total de ses propriétés, ou doit-on déduire le montant de ses dettes? comment exercer cette inquisition? Tout cela paraît infiniment difficile dans la pratique.

On a proposé de frapper les loyers; mais qui ne sait que le prix des loyers ne s'établit que par l'équilibre de la rente des capitaux? si la rente est de 5 pour 100, les propriétaires, voulant tous 5 pour 100 de leur argent, augmenteront les loyers de tout le montant de l'impôt, et, en définitive, c'est sur les locataires, c'est-à-dire sur les pauvres, que retomberait l'impôt (1)!

C'est un cercle vicieux.

On a bien aussi proposé de frapper les objets de

(1) Néanmoins un impôt sur le loyer serait plus équitable que l'octroi central, puisque cet impôt serait plus proportionnel à la fortune.

luxe; sans doute, si cela était possible, ce serait très-équitable. Mais où commence le luxe, où finit-il? Un médecin qui a un cheval pour secourir plus promptement ses malades, a-t-il un cheval de luxe?

Un commerçant, un industriel qui a une voiture pour économiser un temps précieux, a-t-il une voiture de luxe? Il faudra donc établir des catégories.

En outre, on rencontrerait cet écueil : si on frappe un droit trop fort sur les objets de luxe, cela équivaut à une prohibition; si, au contraire, le droit est faible, la recette devient insignifiante, car il n'y a que peu de consommateurs qui consomment des objets de luxe. D'ailleurs, quelle limite établir entre un objet de luxe et un objet de nécessité? Comment établir sur des étoffes, sur des vins, sur toute espèce de produits le point de démarcation entre le luxe et le nécessaire! Qui ne sait que si l'on parvenait à établir cette ligne (ce que nous croyons impossible), tous les consommateurs s'arrêteraient juste à la limite où commencerait le luxe, ce qui supprimerait, tout bonnement, l'impôt sur le luxe. Il en résulterait que l'on ne frapperait plus le riche, mais bien le travailleur, le producteur de l'objet de luxe.

Il faut donc l'avouer : on n'a point encore trouvé le moyen d'opérer la réforme des octrois; les tentatives qu'on a faites dans l'intérêt des classes pauvres n'ont produit que de fâcheux résultats.

Ainsi on a eu l'idée, après la Révolution de Février, d'enlever les droits sur la viande, dans l'espoir que le prix de la viande s'abaisserait dans la proportion du droit supprimé. Il n'en a rien été; les bouchers se sont entendus; ils ont maintenu le prix de la viande : eux seuls ont profité de la suppression des droits d'octroi; ce n'était pas le résultat qu'on attendait; aussi a-t-on rétabli ces droits.

Nous croyons néanmoins qu'il est possible de réaliser cette réforme.

En effet les Agences communales fournissent un moyen très-puissant. Nous avons dit que les produits y seraient classés en produits de luxe, et produits de première nécessité; nous avons dit qu'une commission serait prélevée par le gouvernement sur toutes les ventes. On conçoit qu'il est facile d'opérer un prélèvement analogue en faveur des villes dans lesquelles se trouveront les Agences; ainsi, prenons l'exemple du vin, qui fait généralement la base des octrois.

On peut établir que les vins de luxe sont ceux de 100 fr. et au-dessus, et les vins de première nécessité de 100 fr. et au-dessous. Les vins de luxe paieront 20 pour 100 de leur valeur, les vins de nécessité 5 pour 100.

Or, le prix des vins étant marqué sur les fûts par le producteur lui-même, il est clair qu'il ne peut y avoir d'erreur comme dans le système actuel où la constatation de la qualité du vin est impossible.

Si donc un ouvrier veut acheter du vin de 25 fr. la barrique, il a 1 fr. 25 cent. de droits à payer.

Si un petit bourgeois veut du vin de 100 fr., il

aura 5 fr. à payer; si un riche veut du vin de 300 fr., il paiera 60 fr.

Il est facile de concevoir qu'une recette ainsi basée, proportionnellement à la fortune, serait bien plus équitable que le mode actuel. Quant à l'efficacité de ce mode de perception, elle ne peut être contestée. En premier lieu, elle économiserait toutes les dépenses que les villes font aujourd'hui pour recouvrer cet ancien impôt. En second lieu, évidemment les recettes seraient très-considérables; car, si les droits se paient sur tous les produits sans exception, il est clair que la somme de ces droits doit égaler, sinon surpasser celle qui se paie aujourd'hui.

Nous devons, à ce propos, signaler une autre source de revenus encore plus considérable.

Ces revenus proviendraient de l'arrangement que les villes pourraient faire avec les marchands des objets de première nécessité, tels que boulangers, bouchers, marchands de vin, etc.

Il est certain qu'un arrangement entre les municipalités et les individus n'est pas tout à fait conforme aux principes économiques qui servent de base à la législation française en matière de commerce. Mais, comme ces principes ont déjà reçu de nombreuses atteintes, il ne nous paraît pas irrationnel ni impossible d'élargir le cercle de cette intervention des municipalités.

Ainsi, les boutiques des boulangers, bouchers, marchands de vin, sont soumises aux investigations de la police de l'exercice; le nombre des boulangers est limité. Tout cela est contraire à la liberté commerciale: on a donc été obligé de reconnaître à la société le droit d'intervenir, dans son intérêt; en coûterait-il plus, au point de vue des principes, d'élargir leur intervention de la manière suivante?

Prenons pour exemple la boulangerie, telle qu'elle est exercée dans la plupart des villes.

Dans chaque ville, la manutention du pain est opérée par un nombre inouï de petits industriels qu'on appelle boulangers. Chacun d'eux emploie lui, sa femme et ses enfants, et emploie également des ouvriers boulangers. Chacun d'eux a une boutique, un éclairage, un chauffage, une patente, etc. Si tous ces agents travaillaient selon la mesure de leurs forces, la manutention du pain serait à peu près économique.

Mais qui ne sait que, pour un boulanger qui fait ses affaires, il y en a dix qui n'ont pas un débit suffisant!

Il en résulte que, les dépenses étant les mêmes, en cas de vente ou de non-vente, le pain est surchargé d'un excédant de frais : aussi la concurrence amène-t-elle trop souvent la fraude, les faux poids, la mauvaise qualité.

D'un autre côté, tous ces boulangers sont en général de minces capitalistes; ils ne peuvent, faute de capitaux, faire des approvisionnements convenables, et ils deviennent les serfs des spéculateurs en farine, qui leur font des avances qu'il leur est impossible de rembourser jamais. Si bien que les boulangers sont soumis à toutes les conditions onéreuses qu'un créancier peut imposer à un débiteur qui ne peut se libérer.

Cette organisation de la boulangerie tant surchargée de faux-frais inutiles, donne pour résultat un prix trop élevé du pain, la souffrance et la ruine du boulanger, et trop souvent la mauvaise qualité du pain.

Une organisation scientifique de cette industrie donnerait des résultats opposés :

Rabais sur le prix ;

Bien-être et affranchissement des boulangers ;

Bonne qualité du pain.

Voici comment : prenons pour exemple une ville de 25,000 habitants.

Ce n'est pas exagérer que d'avancer que la boulangerie est exercée dans cette ville par 50 boulangers.

Si la consommation du pain s'élève, en moyenne, compris les femmes et les enfants, à un demi-kilog. par tête, la boulangerie tout entière fabriquera chaque jour 12,500 kilog. de pain.

Soit, pour chaque boulanger, 250 kilog. Pour produire 250 kilog. de pain, il faut 190 kilog. de farine, qui représentent un sac et demi de farine de 125 kilog.

Or, ce qu'on appelle les mercuriales dans les villes, accordent à chaque boulanger 10 francs par sac pour la manutention et pour tous ses frais; le prix du pain est fixé et calculé sur cette base. Il en résulte que chaque boulanger manipulant en moyenne chaque jour un sac et demi de farine reçoit 15 francs pour couvrir toutes ses dépenses.

Mais, comme il dépense chaque jour pour ses frais de loyer, d'éclairage, de patente, de garçons, de chauffage, pour son entretien, celui de sa femme et de ses enfants, au delà des 15 francs que lui accorde la ville, il est chaque jour en perte.

Il ne faut donc pas s'étonner si ces malheureux sont fatalement amenés aux faux poids, à la fraude; car, après tout il faut qu'ils vivent.

Tel est, en peu de mots, l'état actuel de la boulangerie.

Admettons maintenant que la municipalité, lasse de tous ces désordres, voulant faire diminuer le prix du pain, veuille apporter une réforme dans l'industrie boulangère et qu'elle décide ce qui suit :

Une vaste boulangerie sera établie sous la surveillance directe de la municipalité.

Cette boulangerie devra produire chaque jour 12,500 kilog. de pain. Elle ne panifiera que du froment. Elle opèrera elle-même, dans l'intérieur de son établissement, la mouture du grain qu'elle emploiera. Ce grain sera acheté directement aux producteurs agricoles.

Quel serait l'effet immédiat d'une pareille organisation, qui est la chose du monde la plus simple? car il existe déjà de nombreuses manutentions militaires produisant chaque jour une plus grande quantité de pain.

Il en résulterait immédiatement une diminution des frais par la réduction au strict nécessaire des frais de loyer, de garçons, de combustible, par la suppression des spéculateurs intermédiaires sur les grains et les farines, qui s'établissent entre l'agriculteur et le boulanger.

C'est cette diminution des frais qui établirait un grand bénéfice, lequel permettrait à la ville de supprimer ses droits d'octroi.

Est-ce à dire pour cela que nous proposions aux villes d'élever des boulangeries de ce genre en sacrifiant les boulangers actuels? Non, grâce à Dieu! nous avons toujours prétendu qu'il était possible de réaliser toutes ces améliorations sans sacrifier personne. En effet, pour fonder une usine de ce genre, il faut d'assez grands capitaux; ces capitaux seraient fournis par les boulangers actuels, qui, devenant actionnaires de la nouvelle entreprise, et partageant, avec la ville, les bénéfices provenant de cette réforme, trouveraient ainsi le moyen de gagner tout autant et peut-être plus qu'aujourd'hui, tout en conservant la faculté de se livrer à d'autres travaux, ce qui augmenterait d'autant leur bien-être.

Il nous suffit de produire cette idée; c'est aux hommes que cela intéresse de l'étudier, et de voir le parti qu'il est possible d'en tirer, soit en faveur des villes, soit en faveur des boulangers eux-mêmes.

Toujours est-il que des calculs basés sur l'expérience et sur ce qui se passe dans les boulangeries militaires, nous permettent d'évaluer au moins à 400,000 francs par an l'économie qu'il serait possible d'obtenir pour une fabrication de12,500 kilog. par jour.

Si donc on suppose le partage de ces bénéfices en deux parties égales, il y aurait 200,000 fr. à répartir entre les cinquante boulangers, et 200,000 fr. à donner à la ville.

Or, ce qu'il est possible de faire pour la boulangerie, il est tout aussi possible de le faire pour la boucherie et pour la distribution du vin; une organisation analogue à celle de la boulangerie peut amener d'immenses économies, qui, partagées entre les anciens intéressés et la ville, pourraient sauvegarder les intérêts des bouchers et marchands de vins, et permettre, non-seulement d'abolir tous les droits d'octroi, mais encore d'assainir et d'embellir les villes.

Ces procédés que nous proposons ont, sans doute, besoin d'être médités; ils offrent des difficultés, mais ces difficultés ne sont pas assez grandes pour être un obstacle. En effet, des tentatives ont déjà été commencées : on a essayé d'établir des boulangeries et des boucheries communales; ce n'est donc pas une idée complètement neuve.

Nous croyons que le gouvernement devrait autoriser les municipalités à entrer dans cette voie, mais aux conditions suivantes :

1° Ne pas augmenter le prix du pain, de la viande ou du vin ;

2° Supprimer les droits d'octroi ;

3° Indemniser les boulangers, bouchers et marchands de vins, c'est-à-dire les intéresser dans la nouvelle organisation.

Une autorisation de ce genre porterait l'esprit des magistrats consulaires à l'étude de cette importante question, et nous serions fort étonné qu'il fallût longtemps pour passer à la pratique.

CONCLUSION.

Récapitulons les conséquences qui résulteraient directement et absolument de la réforme de la circulation par l'Institution de la Banque d'État et des Agences communales.

Nous avons vu :

1° Que la Banque d'État donnerait à elle seule au gouvernement un revenu qu'il n'est pas possible d'évaluer à moins de 200 millions ;

Que le gouvernement, prélevant une commission sur les ventes faites par les Agences communales, ce nouveau revenu ne pourrait être évalué à moins de 300 millions ;

Que si l'on joint à ces deux recettes déjà considérables le revenu que l'État pourrait se créer par l'exploitation directe des mines et des chemins de fer, l'application d'un vaste système d'Assurances par l'État contre toute espèce de risques ;

On arriverait à concevoir une refonte complète du budget et de l'assiette des impôts, car il deviendrait possible alors de dégrever, non-seulement l'impôt foncier, mais encore tous les impôts qui obstruent la circulation ou qui frappent les objets de première nécessité; dégrèvements dont résulterait un soulagement prodigieux des classes pauvres, pour qui les impôts sont une charge si lourde!

2° Que les Agences communales, ne recevant jamais un produit sans qu'il porte le nom du producteur et son prix de vente; que les Bazars ne vendant jamais sans que ce produit soit accompagné de ce nom et de ce prix d'origine, il en résulterait que tout acheteur, quelle que fût la distance de son domicile, quelle que fût la quantité de produits qu'il achèterait, paierait toujours le prix de fabrique avec toute garantie de qualité.

3° Que les Agences communales opèreraient la fonction commerciale sans capitaux, lesquels deviendraient inutiles soit comme réserve, puisque les Agences, ne faisant aucune opération pour leur compte, ne pourraient jamais perdre; soit comme agent de spéculation, puisque la spéculation serait rendue impossible, soit par la marque de fabrique donnant la publicité à l'origine des produits, soit parce que le producteur, trouvant le crédit à la Banque d'État, n'aurait plus besoin de vendre des produits au rabais pour obtenir du capital.

Il en résulterait forcément que le capital étant inutile dans ce nouveau mode commercial, TOUT LE CAPITAL, AUJOURD'HUI ENGAGÉ DANS LA BANQUE ET LE COMMERCE, DEMEURANT SANS EMPLOI, SE REPORTERAIT SUR L'AGRICULTURE ET LA MANUFACTURE, en donnant lieu, par ce retour, à un immense essor de la production;

Que ce retour du capital à la production entraînerait le retour d'un nombre infini d'agents et employés du commerce et de la Banque aux travaux productifs.

4° Que les producteurs demeurant propriétaires des produits jusqu'à leur entrée en consommation, il en résulterait la suppression des fraudes, des falsifications. Tout produit portant le nom du producteur, la déclaration de la qualité et son prix, il serait très-facile de couvrir de confusion ce producteur en cas de fraude ou de mensonge. Car toutes les opérations recevant à l'Agence la plus grande publicité, il en résulterait que tout producteur convaincu de fourberie serait perdu de réputation et bientôt ruiné, LE COMMERCE VÉRIDIQUE EXISTERAIT DONC FORCÉMENT.

5° Que la facilité avec laquelle le gouvernement serait constamment averti des *existences* de tous les produits, préviendrait à jamais les disettes.

6° En ce qui concerne l'agriculture : Que la Banque d'État et les Agences communales donnant le crédit à 3 pour 100 pour le meuble et pour l'immeuble, il en résulterait l'abolition de l'usure; car les agriculteurs, recevant une avance sur consignation de leurs produits, pourraient attendre le moment favorable de la vente sans sacrifier leurs denrées pour avoir de l'argent, ce qui mettrait un terme à ce blasphème contre la Providence, qui porte les producteurs à maudire la fertilité du sol et l'abondance d'une belle récolte.

L'Agriculture trouverait d'autres avantages non moins importants dans la diminution énorme des impôts, dans l'achat à prix coûtant de tous les produits manufacturés, et surtout dans les Institutions nouvelles dérivant des Agences communales et de la Banque d'État, telles qu'Assurances générales contre toute espèce de risques, travaux d'intérêts collectifs, tels qu'établissement de moulins cantonaux, boucheries, boulangeries communales, etc.

7° Que de son côté la manufacture ne serait pas moins favorisée par la suppression de la concurrence anarchique remplacée par la concurrence émulative : les petits et les grands manufacturiers se trouvant dans les conditions de la plus stricte égalité, soit pour l'achat des matières premières, soit pour la vente des produits manufacturés ; le plus riche cesserait de faire la loi, le plus habile producteur la ferait seul.

Les Agences communales donneraient encore toute espèce de garanties au droit de l'inventeur et du perfectionneur ; elles amèneraient l'augmentation de la production, la cessation des chômages et la hausse des salaires ; elles mettraient un terme aux désastres de la faillite par la suppression de la vente à terme ; elles délivreraient le producteur de soucis et de déboires incessants en abolissant les procès, les laissés-pour-compte, les rabais et les liquidations forcées.

8° Que les communes, ayant le droit de prélever une commission sur la vente des produits, trouveraient ainsi le moyen de remplacer, sans aucuns frais, les droits d'octroi, aujourd'hui si coûteux et si vexatoires.

Une seule de ces conséquences suffirait pour faire bénir un gouvernement.

Et pourtant, malgré leur haute importance, elles ne résolvent pas complètement la question sociale. En effet, la Banque d'État, qui ne met le crédit qu'à la portée du gage meuble ou immeuble, en prive, par cela même, tout homme qui n'a point de gages à offrir; les possesseurs seuls profitent directement des bénéfices de la Banque d'État, les prolétaires en sont exclus.

Il en est de même des Agences communales. Le prolétaire n'a point de produits à vendre; il ne peut donc, comme producteur, profiter directement des avantages que les Agences offrent à la production.

D'un autre côté, cette réforme du Crédit et du Commerce ne résout que la question de circulation, et ne modifie en rien l'organisation actuelle de l'atelier. Malgré cette réforme, le capital continuera de prélever tous les bénéfices de la production, la lutte entre le capital et le travail se perpétuera donc; de là le retour possible, dans l'avenir, de l'agitation, de l'esprit révolutionnaire, la perpétuation des haines et des luttes entre le capital et le travail.

Ce n'est pas tout encore : quelque puissantes que soient ces réformes, quel que soit le bien qu'elles produiront, elles maintiennent l'antagonisme et l'isolement entre les producteurs, ce qui conduit, dans un temps plus ou moins prochain, à la concurrence acharnée qui, ne pouvant plus se faire au moyen de capitaux, se fera au moyen de l'avilissement des salaires, lesquels, s'abaissant sans cesse et en proportion de la baisse des produits, en arriveront à replonger les travailleurs dans l'état de souffrance et de misère dont ils sont aujourd'hui si cruellement accablés.

Il s'en faut donc de beaucoup que la réforme de la circulation soit le dernier mot du Progrès.

Mais, parce qu'il restera quelque chose à faire, ce n'est pas une raison pour ne pas réaliser, dès maintenant, des réformes aussi faciles et aussi efficaces.

Car, ce qui ne peut se nier, c'est que la diminution des impôts, l'abolition de la spéculation, de la faillite, la réduction des frais du commerce, la loyauté dans les transactions, amèneront une diminution énorme du prix des produits. Cette diminution ne peut être évaluée à moins de 25 pour 100 pour les objets de première nécessité; et elle s'élèvera, pour tous les autres objets, à 50 pour cent et au-dessus.

Or, cette diminution immense entraînera une augmentation proportionnelle de la consommation. Il est évident que, si la consommation s'accroît, la production, obligée de l'alimenter, demeurera, pendant de longues années, au-dessous des besoins. Pendant ce temps les bras producteurs seront recherchés. Par conséquent, la concurrence de la main d'œuvre au rabais sera remplacée par la concurrence à la hausse; et, si l'on suppose seulement la main d'œuvre telle qu'elle est aujourd'hui, il n'en est pas moins vrai que le travailleur gagnera, au moins momentanément, à la réforme du crédit et du commerce, l'affermissement des salaires, l'abolition du chômage, et enfin, par-dessus tout, la diminution immense du prix des produits, ce qui équivaudra pour lui à une augmentation proportionnelle de salaire.

Si donc les ouvriers ne profitent pas directement des bénéfices offerts par la Banque d'État et par les Agences communales, ils en profiteront néanmoins largement par l'essor de la production et la diminution du prix des produits.

Or, ce double résultat, apportant à la situation un soulagement immédiat et profond, rend facile la réalisation pacifique et progressive de toutes les autres réformes sociales. Du moment que les travailleurs auront un travail assuré et bien rétribué; du moment qu'il leur sera possible de goûter le bien-être par la baisse générale de tous les produits, ils seront moins impatients, moins exigeants; ils assisteront pacifiquement à l'expérimentation des procédés les plus parfaits de réforme dans la production et dans la consommation. Il deviendra alors facile de faire les essais d'Association dans l'atelier ou dans le ménage, de manière à sauvegarder tous les intérêts et à donner la plus grande somme de bonheur possible : essais d'association libre et volontaire dans l'agriculture, entre les propriétaires du sol et les travailleurs; essais d'association dans les manufactures, cités ouvrières, ménages sociétaires, etc. Nous en concluons donc : qu'attendu l'urgence et le péril dans lequel se trouve la société, il faut à l'instant réaliser les réformes les plus faciles et de nature à porter un soulagement général et immédiat aux souffrances du pays.

Que l'on réalise ces deux réformes, et à l'instant la France pacifiée, au lieu de se précipiter dans l'abîme des révolutions, reprendra sa marche dans les voies du progrès et du bonheur.

C'est alors qu'on recherchera quel est le mode d'association qui doit concilier les intérêts du capitaliste et ceux du travailleur; car, malgré les violences réciproques de certains champions exaltés et exclusifs du capital et du travail, ces deux agents de la production sont faits pour s'unir et se concilier, et non pour se combattre.

LE CAPITAL SANS TRAVAIL N'EST RIEN; LE TRAVAIL SANS CAPITAL, C'EST-A-DIRE SANS INSTRUMENT DE TRAVAIL, SANS MATIÈRES PREMIÈRES, N'EST RIEN NON PLUS.

Le travail fécondant et utilisant le capital indispensable lui-même, telle est la loi de la paix et de la richesse. C'est alors encore que les nouvelles ressources créées à l'État lui permettront de généraliser l'éducation, de la rendre professionnelle et intellectuelle; alors on pourra créer de vastes Institutions de solidarité et de secours mutuels : pensions de retraite, soins des enfants et des vieillards, tout deviendra facile par l'accroissement des richesses produit par la réforme de la circulation.

IL FAUT DONC RÉFORMER LE CRÉDIT ; IL FAUT DONC RÉFORMER LE COMMERCE.

FIN.

TABLE.

TROISIÈME PARTIE.

www.ingramcontent.com/pod-product-compliance
Ingram Content Group UK Ltd.
Pitfield, Milton Keynes, MK11 3LW, UK
UKHW022054260726
13993UKWH00001B/113